EN FRANÇAIS DANS LE MONDE

www.editions-jclattes.fr

Patrick Fandio

EN FRANÇAIS DANS LE MONDE

Les expressions francophones les plus savoureuses

JC Lattès

17, rue Jacob 75006 Paris

ISBN : 978-2-7096-2906-5

À mes familles,
et à tous mes frères et sœurs en amitié.

Avant-Propos

Blandine Kriegel est une femme formidable. La preuve, elle préside un Haut machin de la République. Un conseil de Haute volée : on y réfléchit sur l'intégration. Et quelques fois, on y organise une cérémonie. Un Haut machin qui se respecte se doit d'organiser un pince-fesse républicain. Celui-là s'est tenu en 2004. Un grand moment de drôlerie.

L'Assemblée prêtait un de ses salons sous lambris. La Monnaie de Paris avait frappé des médailles en faux bronze. Et on honorait des immigrés. Pas n'importe lesquels. Seulement les meilleurs. L'auteur de ces lignes y recevait une distinction dans la catégorie espoir journalistique. Avant de monter à la tribune, j'ai pensé que c'était bien la première fois qu'on me félicitait d'être noir. Le prix récompensait « les Français venus d'ailleurs ».

J'ai adoré cette expression. Je connaissais les Français de souche. Ceux de la première, seconde et troisième génération. Je n'avais jamais entendu parler des Français venus d'ailleurs. Plus grave, je faisais partie de ces Martiens sans le savoir ! Débarqués d'une planète inconnue pour communier dans le temple du républicanisme égalitariste de notre belle nation.

Au micro, j'ai dû dire quelque chose du genre, quand on n'aura plus besoin de cette cérémonie, on aura fait un grand pas sur le chemin de « l'intégration ». Je ne sais pas s'il y a eu d'autres cérémonies en l'honneur des Français venus d'ailleurs. Ils méritent d'être célébrés. Non pas les individus, mais les mots, les expressions, locutions, interjections, tous ces français parlés en francophonie, qui font sans doute plus pour notre sentiment d'appartenance à la communauté nationale que tous les Hauts machins de la République.

Préface

Un coup de fil récent. Au téléphone, un coopérant français basé au Mali. Tout ce qu'il y a de plus français. Précision utile, c'est un Blanc, fonctionnaire, détaché de Paris. Le coopérant quoi ! La conversation s'achève. Il me lance : « Au fait, quel est votre contact ? » Mon contact ? Mais où ? Et d'abord pourquoi me demande-t-il mon contact ? Est-ce bien poli et délicat de sa part de demander son « contact » à un journaliste qu'il connaît à peine depuis trois minutes ? Il est marrant, lui... Il ne croit quand même pas que je vais lui balancer mes sources comme ça ? Quel rigolo ce type !

Je finis par lui répondre. En lui communiquant mon étonnement d'un ton un poil ferme. « Mais de quel contact parlez vous ? » Il vient de comprendre le quiproquo. Le malentendu qui s'est installé. Et il rigole franchement. Moi, je souris jaune. Va-t-il enfin m'expliquer pourquoi il se fend la poire ? Et visiblement à mes dépens ? « Excusez-moi, mais je parle déjà comme un Malien... quand on vous demande votre contact au Mali, c'est en fait de votre numéro de téléphone dont on a besoin... »

Je le saurai pour la prochaine fois. Le Français de Bamako ne parle plus de coordonnées téléphoniques. Trop hexagonal, pas assez pratique. Même les coopérants de fraîche date abandonnent très vite le purisme académique de notre langue. Je rigole à mon tour. « Il n'y a plus de doute, au Mali, vous êtes maintenant devenu un Blanc boucané... »

Je ne vais pas y échapper : à mon tour, il va falloir traduire « Blanc boucané », lui expliquer d'où vient cette expression que je n'ai pas employée depuis au moins quinze ans. Depuis mon adolescence au Cameroun. Pour faire court et imagé, c'est un Blanc qui a pris les couleurs locales. Qui, en l'occurrence, parle avec les expressions locales. Comme la viande boucanée, fumée et noircie au feu de bois, le Blanc boucané chauffé au soleil de nos enfances a perdu son teint rose pâle. Comme cette viande de gibier, le Blanc boucané a désormais la peau dure. Au Cameroun à l'époque, quand on disait d'un Blanc qu'il était boucané, c'était un compliment. Il n'était plus un « Rouge gorge », un « Blanc importé », expressions moqueuses et péjoratives. Un Blanc boucané, lui, s'était tropicalisé. Il était à présent des nôtres.

J'ai grandi avec ces expressions et des milliers d'autres. Ce français dépouillé de tout académisme, ces mots qui ne se comprennent que dans un contexte local. Ces termes ciselés par des siècles de palabres, de joutes et de frottements linguistiques entre le français et nos langues maternelles ou néo-urbaines. Un lexique « francophone » en perpétuelle évolution, nourri de savoureux détournements de la langue, d'ingénieux ressorts créatifs. Une langue française vivante et drôle que triturent des millions d'autres francophones à travers la planète.

Depuis quelques mois, j'ai retrouvé cet univers. En retrouvant ce média de l'oralité qu'est la radio. Sur l'antenne de France Info chaque semaine, j'évoque ces mots que nous croyons souvent connaître. Ils nous semblent familiers parce qu'ils viennent d'Afrique, des Caraïbes, du Québec, de Louisiane, de Suisse, de Belgique... Ils sont en français dans le texte. Mais leur sens parfois nous déroute, étonne, intrigue...

Ce recueil reprend et complète quelques-unes de ces chroniques radiophoniques. Il les enrichit de mots et expressions francophones inédites. Il n'a pas la prétention de toutes les recenser. Ce n'est pas un ouvrage savant où s'affrontent des bataillons de linguistes. Ni un plaidoyer sournois pour défendre la richesse d'un français harcelé et cerné par de méchantes hordes anglicistes. Non, ces lignes ne sont qu'une invitation au voyage, un carnet de routes francophones, peuplé de rencontres et de mots, de lieux et de sonorités. Au travers de mes reportages en France et sur la planète francophone, de lectures, de recherches et de discussions, voici un français que vous ne reconnaîtrez pas. Du moins, pas tout de suite ! Un français avec lequel vous ne serez plus dépaysé pour parler travail, école, amour, politique, argent, fête, comportement, sport, émotion, humour... Un guide et un précieux compagnon partout dans le monde francophone.

Crapaudes, des pétasses qui méritent un coup... d'État !

La sublime fraîcheur d'Essaouira, sur la côte marocaine, si loin de la suffocante Marrakech. Balade dans le dédale de ruelles. « Achète donc un souvenir pour ta gazelle... » suggère avec un sourire entendu le vendeur. Non merci. Ma gazelle, ma biche, ma petite amie... je crois avoir compris. Encore heureux qu'il n'ait pas demandé des nouvelles de ma crapaude. Il aurait pu, le bougre ! En Belgique ce n'est pas offensant. Pour parler de leurs copines, fiancées, maîtresses, amants et jules, les francophones rivalisent de créativité...

On en conviendra tous, le cri du crapaud n'a rien de sexy ! Et chez nous, l'expression, « beau comme un crapaud » n'est pas franchement un compliment. On vous le pardonne d'avance, si on traite votre petite amie de crapaude, vous allez sans doute bondir ou vous étrangler. Sauf peut-être si vous connaissez le sens de ce mot du parler français belge !

En Belgique, la crapaude, c'est la tendre fiancée, la petite amie attitrée ! Rien à voir avec la femelle de l'affreux batracien. Un jeune Belge présente fièrement sa jolie crapaude à ses parents. Il peut l'appeler sa crapaude chérie, ou encore sa... crotte bien-aimée. Comme c'est charmant ! « Viens ma crotte, on dîne chez papa et maman ce soir... » C'est d'un goût !

À la Réunion, la douce et tendre se fait appeler la « couverture pays ». On prétend là-bas que c'est parce qu'elle sait faire monter la température... Et qu'elle chauffe jour et nuit. Chez les voisins africains, le thermomètre reste élevé. Si « Ma chaude » désigne la copine, « mon chaud » est l'équivalent masculin dans une partie de l'Afrique francophone. Sauf peut-être au Mali, où l'amant, c'est la « soupe » d'une demoiselle. Normal puisque « c'est lui qui la fait manger », du moins qui subvient à ses besoins matériels. Voilà une relation très alimentaire. Parfois ces demoiselles ne peuvent présenter officiellement leur amant à leurs proches. Le type se fait alors appeler un « sous-marin » et se condamne à une vie en dessous troubles.

Sur le continent africain, l'amour est un vrai travail. D'ailleurs, de Yaoundé à Libreville, les hommes ont plusieurs « bureaux ». Une telle productivité ne se voit guère dans le PIB. Et pour cause. Lesdits « bureaux » ne désignent pas autre chose que maîtresses ou amantes. On peut donc avoir plusieurs bureaux, par ordre croissant d'ancienneté. Le travail étant précaire, il vaut mieux pour une femme avoir le titre de « premier bureau ». C'est la maîtresse attitrée, celle qui concentre souvent tous les privilèges. C'est la « titulaire, la titus », disent affectueusement les Camerounais. « Voilà mon A1 », ajoutent-ils entre deux bières prestement avalées. L'A1, vous le devinez, ce n'est pas l'autoroute du nord. A1 représente un grade de haut niveau dans la fonction publique camerounaise, une catégorie d'intouchables. D'où l'analogie, A1 égale concubine favorite.

Rien ne vous empêche d'ailleurs d'avoir, à côté de vos « bureaux », quelques « dossiers ». Un mari volage vous le recommandera. Si le bureau est une maîtresse établie, le dossier, c'est le coup d'un soir. Un « pneu de réserve », une « roue de secours », disent délicatement les Congolais... « Travailler » sur tous ses dossiers relève parfois de la gageure. C'est qu'il faut leur faire une cour assidue, une drague de tous les instants, les travailler au corps, dirions-nous ici. Ce n'est qu'après le travail qu'on peut « bosser » son dossier. Pour les Centrafricains, bosser et travailler, ce n'est pas la même chose. Travailler c'est faire la cour, bosser faire l'amour. Gare cependant à ne pas « enceinter » son dossier ! Une jeune maîtresse qui tombe enceinte et voilà son « engrosseur » qui se fait menacer par la famille...

Au Cameroun, certains les préfèrent « brunes ». Entendons-nous bien. Là-bas, on dit des femmes brunes qu'elles sont claires de peau. Même quand elles sont noires ! Des bronzées claires de peau, en somme... Un peu blanches quoi ! Plutôt jaunâtres, à vrai dire. On suit toujours ? Heureux soient les hommes québécois qui, eux, ne se torturent plus avec ces questions de couleur. Ils ne trompent leurs épouses qu'avec leurs « blondes ». Entendez par là, leurs maîtresses. Curieusement, les petites amies québécoises se laissent toutes traiter de « blondes ». Les pauvres, si elles savaient... Se faire appeler une blonde alors qu'on est brune ou rousse... Au Québec, peu importe la couleur, du moment que c'est un pétard. Un pétard, une fille canon, pour rester dans la métaphore militaire. En clair, un pétard est une bombe. Les filles burkinabés, elles, ont l'habitude de se faire appeler « pétasses ». N'y voyez aucune goujaterie, aucun machisme africain chez leurs compagnons. Pétasse à Ouagadougou n'a rien de péjoratif. Bien au contraire ! « Viens manger ce soir à la maison, Fatou a fait à manger, tu sais, c'est ma pétasse chérie... » De quoi couper l'appétit à Paris, pas à Ouaga !

Reste une constante : sous tous les cieux de la francophonie, on évite de se faire piquer sa petite amie. L'affaire est si grave qu'au Rwanda, quand votre dulcinée vous quitte pour un autre, on dit que vous êtes « victime d'un coup d'État » ! Pire... faire un « mariage coup d'État », c'est épouser une jeune fille sans le consentement de ses parents. Une rébellion, une mutinerie que vous risquez de payer au prix fort !

L’Ambassade, quelle garcerie !

La rue est animée, même un soir de semaine. Question d’habitude. À Abidjan, la zone 4, le secteur Marcory a une réputation à tenir. De la musique, un portier et nous voilà dans un traquenard. À l’intérieur, la gent féminine a fermement l’intention de se faire payer le moindre déhanchement. De l’extérieur, on aurait pourtant dit une boîte de nuit. Ce n’est quand même pas une ambassade ici ? Le portier reste muet.

Chacun croit savoir ce que c’est. Une ambassade, un drapeau, une immunité, des réceptions, quelques intrigues très diplomatiques. Devinette… Dans quel pays certaines ambassades n'ont pas besoin de ce décorum ? Dans quel endroit n'importe qui peut en ouvrir une, sans lettre de créance d'un quelconque État étranger ?

En République démocratique du Congo, on entre dans certaines ambassades comme on va au moulin. Quand un Congolais s'y rend, c'est souvent pour avoir des relations, disons, très intimes… À Kinshasa, l'ambassade désigne aussi un haut lieu de rencontres galantes ou, plus crûment, de prostitution ! Un endroit où vous ne trouverez ni diplomates (ou alors à leurs risques…) ni plénipotentiaires… À l'ambassade règne en maître l'« ambassadeur ». Comme dans toutes les ambassades. Sauf qu'ici, l'ambassadeur trône du haut de sa vingtaine de centimètres. « L'ambassadeur », c'est le nom de baptême de la verge masculine. À l'ambassade kinoise, les réceptions de Monsieur l'ambassadeur sont très courues.

Ambassade, un lieu de débauche qu'on serait tenté d'appeler un bordel ! Mais en

Afrique francophone, bordel n'a pas, comme ici, le sens de maison close. Au Mali, on appelle bordel un homme coureur de jupons, un dragueur impénitent. Faire la bordellerie, c'est se livrer à la prostitution. Et au féminin, une « bordelle », on le devine, c'est une prostituée. Un « cahier de roulement » comme disent les Congolais pour signifier qu'elle passe de main en main comme un cahier de classe... Un surnom qui manque de classe.

Dans les quartiers chauds de Bamako, on préfère parler de « garce » ! Car, pour les Maliens, la garce, ce n'est pas une allumeuse. C'est une traînée. Et l'endroit où on trouve le plus de garces au kilomètre carré est une « garcerie » ! Une maison où de jeunes garces font commerce de leur corps. On dit aussi élégamment qu'elles font « l'amour commercial », ou encore qu'elles font « boutique de leur derrière »...

Et quand elle ne veut pas coucher contre de l'argent, la garce, la vraie, celle qui ne fait que provoquer, agace les hommes québécois. À Montréal, une « agace » ou une

« agace-pissette » désigne une séductrice, une charmeuse qui ne peut que vous procurer d'affolantes démangeaisons.

Les « garces » africaines, elles, n'exercent pas toujours en maison close. Elles parcourent chaque soir des dizaines de kilomètres sur le trottoir ou dans les couloirs de cité universitaire. À Dakar, entre étudiants, on les appelle les « couloirdeuses ». « La nuit est tombée, les couloirdeuses sont déjà dans les escaliers », grince-t-on l'air moqueur... Et parce que certaines paraissent infatigables, les Congolais leur ont trouvé un terme générique. « Celles-là, ce sont des Iveco », du nom de l'increvable marque de camion qui, même pétaradant, semble toujours avoir une seconde jeunesse...

Partout en francophonie, le sujet se prête aux plaisanteries graveleuses et à des jeux de mots douteux que par pudeur nous nous abstenons de reproduire ici. La palme de la galanterie, de la finesse, de la poésie, décernons-la aux Québécois. À Montréal, on ne dit pas qu'on couche pas avec une prostituée. Ce serait franchement vulgaire. On prétend « qu'on fait un tour de lit avec elle ». Et ça, c'est déjà presque romantique.

Au revoir et à brusquement !

Retrouvailles chaleureuses l'autre jour lors d'un reportage à Dakar avec une amie sénégalaise. Elle parle un français parfait, évoque de vieux souvenirs du campus nancéen où nous avons fait connaissance il y a treize ans. Et la famille ça va ? Ça roule... Vient le moment des adieux. « À brusquement alors... » lance-t-elle avec malice... fière de sa formule comme pour me rappeler qu'on ne se quitte pas partout pareillement en Francophonie.

Si vous croisez un Québécois, restez poli ! La politesse commande de ne surtout pas lui dire bonjour ! Rassurez-vous, il ne s'en offusquera pas. Bonjour au Québec n'est pas toujours le petit mot de bienvenue qu'on utilise ailleurs en Francophonie !

Bonjour, c'est aussi un au revoir ! Si, si... À Montréal, on se quitte souvent sur un « Bonjour » ! On ne raccroche pas le téléphone sans avoir lancé un dernier « bonjour ». Dire bonjour pour prendre congé, un tête-à-queue linguistique, comme le français sait en réserver. Si en fin de soirée votre invité québécois vous lance en partant : « bonjour la visite », ne vous en étonnez pas. Il veut juste vous dire qu'il part précipitamment ou alors vous signifier que votre discussion n'a plus aucun intérêt ! Si vous lui dites « Merci d'être passé », il est capable de vous répondre « Bienvenue ! ». Ça ne manque pas de sel. « Bienvenue », traduction basique de l'anglais « You're welcome... ». Une formule que les Anglo-Saxons utilisent pour répondre à un « merci ». Les Belges, eux, après un « merci », vous diront « s'il vous plaît... ». Comme pour dire « de rien, je vous en prie... »

Pour ne pas partir sur une mauvaise impression, pour bien marquer l'aspect « ce n'est qu'un au revoir », les Sénégalais se disent « à brusquement... » Manière de permettre qu'on se reverra bientôt. « Bientôt » ? Trop peu sophistiqué pour les Camerounais qui préfèrent se dire, « à tantôt... » comme d'ailleurs certains Québécois. Dans les rues de Yaoundé, deux Camerounais se séparent : « À tantôt, on est ensemble !... » Ils n'ont pas l'air perturbés, il n'y a rien de curieux, rien de contradictoire à les entendre se dire au revoir tout en proclamant être encore ensemble. Question d'habitude. Acrobatie verbale quotidienne.

Méfiez-vous cependant, on ne prend pas toujours congé à sa guise chez les francophones. Souvent il faut le demander avec déférence. « Je demande la route... » vous soufflera votre ami malien, assis dans votre fauteuil. Vous, un peu interloqué ! Comment ça, il vous demande la route alors qu'il rentre manifestement chez lui ? « Demander la route... » n'est en réalité qu'une façon élégante de vous réclamer la permission de se retirer.

Dans le même registre quiproquos, retour au Québec. Faites attention si on vous y invite à dîner. Ne faites pas le goujat, n'arrivez pas sur le coup de 20 heures ! Vous n'aurez que sept heures de retard... Au Québec, le dîner est le repas servi vers 13 heures à l'heure de notre déjeuner. Le souper est à l'heure de notre dîner, et pour être cohérent on y déjeune dès le matin, au lever du jour !

Le déjeuner québécois se déroule ainsi à la même heure que le goûter à la Réunion, c'est-à-dire à l'heure du petit déjeuner en France métropolitaine. Vous suivez toujours ? Résumons-nous. Sur l'île de l'océan Indien, les écoliers prennent leur goûter avant d'aller à l'école. Le goûter réunionnais n'est pas le léger casse-croûte de l'après-midi comme ici. Ce n'est pas un quatre heures. Mais ce n'est pas non plus le dix heures. Le dix heures en Belgique, c'est le goûter que les écoliers belges avalent en milieu de matinée... c'est-à-dire pendant la période de l'« avant midi », celle qui précède le midi...

Pour ne pas s'emmêler dans les salutations, faites comme les Haïtiens ! À Port-au-Prince, on dit que « c'est le soir », dès le début de l'après-midi. Au début de la journée, à l'aube, c'est « l'avant jour ». Et jusqu'au crépuscule, c'est « l'avant nuit ». Un peu comme les Nigériens qui vous souhaitent « bonsoir » dès la fin du repas de midi. D'ailleurs à Niamey, entre potes, pour être certain de se faire comprendre à propos d'un rendez-vous fixé le soir même, on insistera « Aujourd'hui soir, on se boit une bière chez Fadil... » Comme ça au moins, on ne risque pas de se mélanger dans les horaires...

La mise en bière, un bon tuyau...

Le même rituel tous les jours dès treize heures et trente minutes. Depuis combien de temps ça dure sur les ondes de la radio nationale ? Je ne sais pas, au moins vingt ans. L'animateur, sérieux comme un croque-mort, lit tous les jours les « communiqués et avis de décès ». La rubrique nécrologique, l'un des programmes phares de la station. Sans doute la plus grosse audience quotidienne. Un peu comme la météo ici. Au Cameroun, on prend des nouvelles des morts comme si on s'enquérait du temps qu'il fera demain. Sinistre et banale habitude qui fait le bonheur des cyniques. « On vient d'annoncer un deuil,

ça va être un grand tuyau... » rigole un copain de lycée, porté sur la bouteille. Si c'est un grand tuyau, alors la bière va couler à flots. Bière à pression qui sortira d'un énorme tuyau. Le plus sympa dans le deuil, c'est encore la mise en bière...

Dans le cimetière, aux premiers échos de la marche funèbre, un mauvais esprit persifla. « Celui-là, il meurt vraiment en fanfare... » Tout le contraire d'une mort discrète, ce que les Martiniquais appellent « mourir sans ti bois, ni trompette ». Le ti bois étant une sorte de tam-tam, s'en aller dans un silence de mort, c'est un peu mourir sans tambour !

Dans l'espace francophone, on parle de la mort avec une lugubre créativité. En français dans le texte, la mort nous parle si bien...

Assistez donc à un enterrement dans la région autonome franco-italienne du Val d'Aoste. On dira du défunt que le « pauvre s'en est allé au paradis sans ses souliers ». En clair, il est passé de vie à trépas sans même avoir eu le temps d'enlever ses chaussures. Pour traduire cette image de décès brutal, les Béninois ont inventé l'expression « mourir dans les cheveux noirs ». Ce qui signifie à Cotonou s'éteindre jeune, avec des cheveux qui n'ont pas eu le temps d'être grisonnants. C'est mourir dans la fleur de l'âge.

Peu importe d'ailleurs les termes dans les pays francophones, la mise en bière reste une affaire de spécialistes. Ici, on rend une sinistre visite aux pompes funèbres. À l'île Maurice, on va plutôt au « bureau de deuil ». Comme son nom ne peut le cacher, le bureau de deuil abrite les bureaucrates de la mort. On y remplit la paperasse mortuaire. On y apprend à rédiger des avis de décès dans les règles de l'art. Avec ses formules prêtes à l'usage.

Au Cameroun, « la famille est priée d'attendre le corps sur place ». Presque invariablement, la mention figure à la fin de chaque annonce nécrologique radiodiffusée. « Le corps est prié d'attendre la famille sur place... » se gausse en retour l'homme de la rue en cas de suspicion de mort mystérieuse. Le corps du défunt est prié de bien vouloir ne pas disparaître pour les besoins de l'enquête. On parle alors de la « mort mystique » du « regretté » comme on l'appelle au Burkina Faso. Regretté, sans doute une manière d'atténuer le choc de la disparition...

Car, en francophonie, l'expression de la mort est très souvent pudique. En République démocratique du Congo, les familles ne sont pas frappées, anéanties, meurtries, brisées par le deuil. On prétend juste qu'elles sont « éprouvées ». Chez les Wallons belges, on fait part d'un décès par un carton dont le nom fait frémir. Une « lettre de mort » que la famille fait porter aux amis et connaissances. Une lettre de mort, appelée ainsi parce que porteuse de ténébreuses nouvelles. Mais la mort peut aussi se prêter à quelques saillies moqueuses.

En Côte d'Ivoire, on taquine ainsi ceux qui viennent de perdre un proche et qui ont dû se raser le crâne en signe de deuil comme le veut la tradition. « Voilà Michel qui est devenu coco taillé depuis qu'il a perdu sa mère », entend-t-on à Bouaké au passage d'un orphelin. « Coco taillé », c'est un peu la boule à zéro. La tête aussi lisse qu'une noix de coco décoiffée !

Académiciens, des alphabètes longs crayons...

Fort-de-France, un colloque en hommage à Aimé Césaire. Le poète. L'homme politique. Le militant. Et ses deux Discours. « Il m'est toujours heureux de retrouver l'Afrique maternelle. » La dédicace est jalousement conservée dans mon exemplaire de « Discours sur le colonialisme ». Débats, tables rondes. On y évoque évidemment Léopold Sédar Senghor que Césaire appelait son « ami fondamental ». Senghor, le poète. L'homme politique. L'académicien. Césaire, lui, n'a jamais eu son ticket d'entrée Quai Conti. Même si de l'avis

général, dans les rues en Afrique de l'Ouest, ce sont tous deux des alphabètes...

En France, jusqu'à une époque récente, on ne devenait académicien qu'après avoir atteint et dépassé une certaine limite d'âge. Une date de péremption, susurrent les mauvaises langues. Une coquetterie gaga que nous enviaient sans doute les voisins suisses. Car, voyez-vous, les académiciens suisses, eux, sont frappés de jeunisme. Le mal du siècle vu du dessous de notre Coupole. Cet insupportable délit de jeune gueule. En Suisse, sans attendre le troisième âge, on peut devenir académicien. Et ce dès dix-huit ans ! Pas d'épée, d'habit vert, de vote secret de désignation ou de cooptation, de discours d'intronisation, de cérémonial aux limites du fétichisme. Il est vrai qu'en Suisse, le mot académicien désigne simplement un étudiant qui a obtenu son diplôme.

Il est donc permis à l'académicien suisse d'être du genre boutonneux. Peu importe, pourvu qu'il soit un étudiant instruit. Quelqu'un qui mérite le respect pour « avoir chauffé les bancs » comme on dirait de lui au Cameroun. Chauffer les bancs, dérivation tropicale de l'expression avoir usé ses fonds de culottes sur les bancs scolaires. Autrement dit, l'académicien helvète est un « alphabète » ! C'est ainsi qu'on l'appellerait au Burkina Faso ! L'alphabète burkinabé a eu la chance ou le courage d'aller à l'école, sait manier la langue, la lecture et le calcul... L'alphabète a suivi l'enseignement de « l'alphabétiseur », un terme désignant de Ouagadougou à Ndjaména celui qui enseigne l'alpha du savoir aux analphabètes. L'alphabétiseur est un enseignant.

Au Tchad, les instits et autres enseignants prennent en main les analphabètes, ceux qui sont incapables de réciter l'alphabet, de lire ou d'écrire en aucune langue. L'analphabète en sait encore moins que l'illettré. Et chez les lettrés tchadiens, on ne le lui pardonne guère. À leurs yeux, il y a encore pire qu'un analphabète, c'est « un civil » ! Un type qui manque de civilité, d'urbanité, de savoir vivre quoi ! En gros, « il n'a pas été à l'école des Blancs ». Un civil désigne un péquenot qu'il faudrait d'urgence « civiliser », à qui il faudrait apprendre la civilisation. Le civil passe pour un inculte à qui il manque du savoir. Ce qui est injuste. Les militaires ne sont pas mieux lotis. Surtout au Tchad.

En matière de culture chez la soldatesque, au Congo Kinshasa, ce n'est pas non plus très reluisant. Mais au moins y croise-t-on des « femmes savantes ». Celles que moquait déjà Molière dans sa comédie de 1672 ! Ces femmes dont il n'est pas bien honnête qu'elles « étudient et sachent tant de choses », écrivait-il alors... Ce type, Jean-Baptiste Poquelin a fait des émules, et trouvé des disciples sur les rives du fleuve Congo. Là-bas, sur les campus, l'esprit ne saurait venir aux femmes, ces étudiantes prétentieuses qui veulent aller loin dans leur scolarité. « Voilà les femmes savantes », raillent les hommes dans leur dos, avec un brin de misogynie dans la voix.

Au Cameroun, on préfère ironiser sur les « longs crayons ». Ceux qui ont fait de longues études, souvent interminables, et qui en font état à la moindre occasion ! « Ces longs crayons se prennent vraiment pour des intellectuels », rumine le vendeur à la sauvette. Un long crayon, c'est tout le contraire d'un « vieux cahier ». Un vieux cahier est un « redoublant », un « bisseur » disent les Belges, celui qui fait bis repetita à chaque examen. Il a « doublé » toutes ses classes se désolent Suisses et Canadiens. Un vieux cahier, c'est sûr, aura du mal à devenir un académicien.

Vite un blocus, gare au caïd !

À la radio ce matin. Des étudiants bloquent des trains en gare de Marseille. C'est la grève. Le blocage des facs. Camarade, à mort la casse sociale. Organisons un blocus. Pas de cours. Pas de révisions. Pour les exams on verra plus tard. Sur le net, la blogosphère est en ébullition. Qu'en pensent les cousins de Liège qui sont en fac de médecine de l'autre côté de la frontière ? Ils sont eux aussi en plein blocus. Mais pas en grève. Ils ne veulent pas être bloqués à l'exam. Allez comprendre !

À l'approche de chaque fin d'année universitaire, un blocus général est décrété dans les universités belges. Et il peut arriver qu'on y soit contraint même en cours d'année. La tension monte, les campus s'enfièvrent. Pourtant à Bruxelles, ni manif, ni protestations, ni assemblées générales. Il y a bien des étudiants qui se barricadent dans leurs chambres. Mais de leur plein gré. Le blocus belge est une tradition avant chaque période d'examens ! C'est un mot qui désigne une période de révisions intenses. Le blocus dans les universités belges n'a rien à voir avec le blocage des facs françaises.

Si en France, le blocage des universités ne fait pas l'unanimité, en Belgique, le blocus des étudiants est recommandé, encouragé, célébré. Pendant le blocus, ils sont invisibles : enfermés dans leurs chambres, chez leurs parents ou à la bibliothèque. Deux, trois semaines, parfois plus. En fonction de leur assiduité pendant les cours de l'année. Si on a été un « brosseur », adepte de fac buissonnière, si « on a fait le chat », en multipliant les vies parallèles aux études, alors les révisions vont être plus longues. Finies les

« guindailles », ces fêtes étudiantes où on boit plus que de raison. Les « guindailleurs » bloquent sur leurs cours. Le blocus belge est une « auto-séquestration » pour la bonne cause. La réussite de ses examens. Pour ne pas risquer une « buse », un échec aux épreuves.

D'ailleurs, le destin de « busé », de recalé, n'a jamais tenté personne sur les campus belges. Et la hantise de tomber sur un « buseur » angoisse aussi les étudiants rwandais. Le buseur a mauvaise réputation dans les amphis du Rwanda. C'est une terreur, ce buseur. Un prof, rigoureux, pète-sec qui semble prendre plaisir à faire rater leurs examens aux étudiants. Le buseur a un autre mignon petit nom en Wallonie. C'est un « mofleur », celui qui file des « balances », de sales notes qui vous plombent l'année. Ce qui lui vaut aussi le peu reluisant surnom de « caïd » dans les facs congolaises. Le caïd, ce nom de chef militaire emprunté à l'arabe, fait « prendre le maquis » à Kinshasa. Prendre le maquis, c'est une autre manière de faire blocus. Bachoter, potasser, bûcher ses cours pendant plusieurs jours et surtout des nuits entières...

Car le maquis suppose, on le sait, un plongeon dans la clandestinité. On y mène une existence nocturne. En République démocratique du Congo, les étudiants entrent au maquis pour « faire caïman ». Un terme inventé pour désigner les révisions nocturnes. Le « caimantage » consiste pour le candidat aux examens à se lever quand tout le monde dort pour étudier, à ne faire surface qu'à la tombée de la nuit ! Quand les parents ou le surveillant d'internat sont couchés, les « étudiants caïmans » se relèvent pour aussitôt se plonger dans leurs cours. À l'image de ces gros crocodiles qui ne somnolent que d'un œil le soir venu, qui ne sortent la tête de la rivière qu'au crépuscule. Après le départ des chasseurs...

Si on ne veut pas entrer au maquis, il ne reste qu'une parade : savoir jouer du cou. Au risque d'attraper un torticolis, le jeu consiste à lorgner sur la feuille du voisin le jour de l'exam, à vos risques et périls. À Bamako, ledit voisin peut vous traiter en public de « copiétaire ». La honte. Le copiétaire malien, qu'on appelle aussi copiste ou copistateur, ou « corrigeateur » au Tchad, triche sans cesse et parfois avec anti-sèches. Des anti-sèches que les étudiants belges, décidément bien inspirés, désignent du mot « copions ». Une tricherie qui au Sénégal n'a qu'un but. Éviter de se retrouver dans la situation d'un « cartouchard ». Cet élève qui a déjà passé plusieurs fois le même exam et qui en cas de nouvel échec sera renvoyé de l'établissement... Le cartouchard sénégalais a déjà hélas grillé presque toutes ses cartouches...

« Desailly, arrête de téléphoner... »

Allemagne, planète ronde. Coupe du Monde 2006, Arena de Munich, le stade « Bidendum », cérémonie d'ouverture. D'ex-champions du monde défilent sur la pelouse. Dont un certain Marcel Desailly. Deux rangées plus loin, un supporter tricolore, hilare. « Marcel, réponds, ça sonne... » La blague est vieille mais fonctionne toujours. Elle poursuit le joueur depuis le matraquage publicitaire d'un opérateur téléphonique dont il vantait la probité pendant le précédent mondial. Mais nous pouvons maintenant révéler que pendant toute sa carrière Marcel Desailly a beaucoup téléphoné sur la pelouse. Des

appels incessants, répétés, longs, et souvent précis... Et personne n'a rien vu...

Quand un joueur téléphone pendant un match de foot, les spectateurs applaudissent... dans un stade camerounais. En fins connaisseurs, ils apprécient. Absurde ? Non. Le joueur qui téléphone a un bon mobile. Mais pas de portable. Son coup ne tient souvent qu'à un fil : un bon coup de pied dont la trajectoire assure souvent assure la liaison avec la ligne avant. Trêve de jeux de mots. Un joueur qui téléphone fait une longue passe aérienne à un de ses coéquipiers. « Un ballon téléphoné » en somme, vous annoncera, ravi, un supporter camerounais. Et si un joueur adverse veut intercepter ce ballon, il va devoir le têter ! Têter le ballon, c'est lui donner un bon coup de tête, y aller franchement. Têter, c'est tirer de la tête et non pas du pied.

Le football qui est une religion en Afrique francophone y a engendré son propre lexique, une liturgie de termes détournés du français académique ou même de la nomenclature FIFA ! Suivons un bout de mi-temps dans les gradins sommaires du grand stade de Ouagadougou, au Burkina Faso. Voilà l'attaquant vedette du club de la capitale qui vient d'ouvrir le score. « Qui a buté ? » tente de vous demander votre voisin dans le tumulte du stade. Le buteur, c'est celui qui bute. L'attaquant a buté, mais n'a pas tué le match. C'est déjà ça. Il y a encore du suspense. L'équipe « visiteuse » peut revenir au score. Mais ce que les supporters locaux attendent, c'est une « aggravation » ! Entendez par là que leurs joueurs doublent la mise, améliorent le score en marquant un second but.

C'est la mi-temps. L'heure d'« aller aux oranges », dit-on à Dakar. Ici, pas d'eau minérale, de boissons énergétiques et autres remontants. Quand l'arbitre siffle la mi-temps, les joueurs essoufflés quittent le stade et se précipitent sur les agrumes planqués dans des vestiaires de fortune. Pendant ce temps, dans les tribunes, on refait le match. Avec un vocabulaire qui défie celui de la fédération internationale. La surface de réparation autour du but ? Trop technique comme expression. Pas assez humain, pas suffisamment intime. On préférera la « zone de vérité ». Celle où les joueurs ne peuvent mentir sur leur état physique du moment et sur leurs performances. Les corners ? So british comme mot. Va pour « coup de coin » arrêté. Une traduction que les Belges se plaisent aussi à reprendre quelques fois.

À la reprise du match, l'aggravation tant attendue se produit. Le gardien a « cabiné le ballon » s'énerve un Sénégalais. Comprenez, il l'a laissé passer entre ses jambes. Quand on sait que « cabiner » dans le parler français sénégalais signifie se mettre sur la cuvette des WC (quand il y en a une...), on devine dans quelle position se trouvait le malheureux gardien. Celle de l'homme « se préparant à faire ses besoins » vous expliquera-t-on si vous voulez un dessin. Et si un joueur marque contre son propre camp, c'est la stupeur dans le stade. En Belgique, il n'y a pas de doute, c'est un « autogoal » vous dira-t-on, la mine défaite.

Hors des stades, on trouve aussi beaucoup de « sportifs ». Et au Cameroun, ils « livrent beaucoup de matchs » dans la saison. Des matchs éreintants, épuisants, qui ne se jouent qu'à deux, dans l'intimité d'une chambre. Seulement à deux, quand c'est un match classique... À Douala, vous l'avez compris, les « matchs » peuvent aussi désigner des parties de jambes en l'air. Dans ces « corps à corps » distinguons les « matchs à domicile », en général chez l'homme, des « matchs à l'extérieur », livrés dans la petite chambre prêtée par un ami partageur.

Sous les tropiques francophones, les locutions footballistiques hors du terrain font partie du jeu de la dérision. Ainsi au Congo Kinshasa, les meilleurs « dribbleurs » ne sont pas forcément au stade, mais au marché. Des clients qui ont des ardoises chez des dizaines de commerçants. Pour leur échapper les jours de marché, ils sont obligés de « dribbler ». Dribbler y est devenu le terme générique pour ceux qui échappent à leurs créanciers. Dans le même ordre d'idées, au Togo, une « balle perdue » n'est plus seulement un ballon égaré par une équipe, mis en touche par les adversaires. Une balle perdue, c'est un enfant illégitime, conçu hors mariage, perçu comme un dégât collatéral d'une relation clandestine. Et puisque dans ce cas les règles de la fidélité n'ont pas été respectées, les Sénégalais préfèrent constater au sujet d'un enfant adultérin, qu'il y a eu un « hors jeu » ! Fin de la partie.

Ce cireur d'air, quel frotte-cul !

Aéroport de Douala. Humidité record. Pas de clim sous 35 degrés. Personne ne semble jamais avoir songé à en installer une. Des huiles descendent du vol en provenance de Paris. Costards de marque, cravates nouées, et rigoles de sueur sur les fronts. On n'ose imaginer les rivières sous leurs aisselles. Deux vendeuses que la chaleur a cessé d'intimider ricanent. « Ceux-là sont prêts à cuire debout pour continuer à cirer les airs »... Les huiles font mine de n'avoir rien entendu. Ils cirent encore plus les airs.

Si un jour, dans les rues de Nouméa, en Nouvelle-Calédonie, on dit de vous que vous « pétez votre gueule », il n'y a vraiment pas de quoi en être fier : vous n'êtes qu'un affreux et sacré vantard. Ce que les femmes de Douala appellent des « cireurs d'air ». Une expression populaire camerounaise qui ne manque pas de synonymes dans le français familier. Le « cireur d'air » se la pète, la ramène assez souvent, a le melon, les chevilles qui enflent, et quelques fois, a définitivement chopé la grosse tête ! « Il est en haut... » lancera, dépité, un badaud du marché central. L'invective est adressée au propriétaire d'un 4 × 4 rutilant qui vient de l'éclabousser. Manière de lui reprocher sa position dominante, du haut de sa grosse cylindrée et en haut de la si peu démocratique échelle sociale. Quand il a le sentiment que vous le prenez de haut, ce Camerounais peut rajouter avec le brin de mépris nécessaire, « vous cirez les airs, vous ne touchez plus terre, arrêtez donc de nous pomper l'air ! »

Celui qui ne manque pas d'air est sacrément gonflé ! C'est aussi vrai dans le parler français belge. Ainsi, on dit là-bas du vantard qu'il « fait de son nez ! » Façon de signifier qu'il brasse de l'air et que c'est sans doute du vent. « Faire vent », « faire ronron » comme disent les Abidjanais qui toisent ceux qui font les intéressants. Faire de son nez ou « jouer de sa poire », c'est la même chose et c'est très mal vu en Wallonie. D'autant plus que l'intéressé a tendance non seulement à n'en faire qu'à sa tête mais aussi à se prendre très au sérieux. Sérieux comme un pape ? Non, répondent les Haïtiens. « Sérieux comme du pain rassis. » C'est vrai que le pain rassis traîne une tronche de pète-sec. De là à imaginer que le rouleur de mécanique est « fier comme un pet »... Pour les Québécois, il n'y a pas de doute. Le cireur d'air est un « fier pet ».

Quelques fois, c'est aussi un « aplaventriste » patenté. Un zélateur de la doctrine de l'« aplaventrisme ». Un isme inventé en Afrique de l'Ouest pour désigner la capacité de certains à se mettre à plat ventre. À se coucher pour obtenir une faveur. Car sous le masque du cireur d'air pointe souvent un cireur de pompes. Et les fayots, les Belges en font leurs choux gras ! Faire son fayot, c'est un peu « faire bébelle ». Littéralement, c'est se rendre deux fois belle, se montrer sous son plus beau jour. En Belgique, on fait bébelle pour obtenir de son patron une copieuse augmentation de salaire. C'est bien vu pour sa fiche de paie mais pas terrible pour l'ambiance au travail. Alors, si au bureau, un collègue belge vous traite de « frotte-cul » ou de « frotte-manche »... sachez qu'à ses yeux, vous n'êtes qu'un lèche-bottes ! Autre variante de lèche-cul chez les cousins québécois, les « téteurs ». « Faire la tétée » se dit avec mépris de celui ou celle qui téterait tout ce qui passe pour réussir. L'éventail est assez large. Si on dit de vous que vous tétez à tout va, faites le gros dos et préparez votre réplique. Vous pouvez toujours répondre que vous n'en avez vraiment rien à cirer.

L'avocat, un bakchich qui mouille la barbe

Casablanca, route de l'aéroport. Un policier tous les cent mètres. Le signe que le roi arrive ou s'en va. Mais pourquoi diable la monarchie montre-t-elle avec tant de naïveté sa fébrilité ? L'ami qui conduit sourit. « Et encore, ils n'ont pas sorti les croates », ajoute-t-il. Des Croates assurent la sécurité du souverain marocain ? Bigre ! Mais non, les croates sont des policiers marocains locaux portant des casques à damier rouge et blanc. Comme le drapeau croate. Et les croates de Casa ne rechignent pas quand il s'agit de bakchich. Voilà un

mot francisé employé aussi par les locuteurs francophones algériens et tunisiens. Et même au-delà en Afrique sub-saharienne. Même si on y préfère souvent des pot-de-vin à la saveur d'avocat...

Vous en avez peut-être déjà fait l'expérience... un bon avocat peut vous être utile ! Sachez que vous pourrez aussi en avoir besoin, si vous allez un jour au Congo Kinshasa ! Méfiez-vous, ce ne sera pas pour les mêmes raisons. Sur le bord d'une route de forêt, quand vous arriverez près d'un barrage policier, vous ne pourrez passer qu'en présence de votre « avocat ». Si par malheur, vous n'avez pas tous les papiers dans les documents du véhicule, votre « avocat » devient vraiment indispensable. Ne vous étonnez donc pas si le policier congolais vous en réclame un. Non pas qu'il soit fanatique de l'État de droit. C'est un langage codé pour désigner un copieux dessous-de-table... L'avocat, on le sait, est un fruit gras. Voilà l'analogie choisie par les Congolais pour traduire l'expression « graisser la patte »...

Pour faire avancer ses dossiers dans le labyrinthe de l'administration, il vaut mieux avoir plusieurs avocats ! Et les agents de l'État congolais savent se montrer gourmands ! L'avocat, c'est une grosse commission ! Rien à voir avec le matabiche, un simple pourboire, une gratification presque normale. Le matabiche existe depuis l'époque coloniale. C'était le petit pécule donné à l'indigène par le colon en échange de quelques prestations, au vu et au su de tout le monde. D'où le sens péjoratif du mot.

L'avocat, lui, se donne au Congo en toute discrétion. Si par malheur, un témoin gênant assiste à la scène, une seule solution radicale... on lui « coupe les lèvres » ! Rassurez-vous, le sang ne coule pas. Couper les lèvres, c'est faire taire quelqu'un, acheter son silence avec de doux billets de banque ! D'ailleurs, chez certains, l'avocat a un surnom qui ne prête pas à discussion. C'est un

« tais-toi » qui a le mérite de la concision et de la précision.

Dans cette Afrique francophone malade de corruption, on se moque de cette gangrène avec des expressions grinçantes ! Au Cameroun, les gendarmes ripoux se font systématiquement arroser. On dit qu'ils se font « mouiller la barbe » ! En clair, on leur paye une petite bière, voire une grande quand l'agent de police vous lance d'un air entendu : « On fait comment ? J'ai la gorge sèche... » Il n'attend manifestement pas d'être abreuvé de paroles mais de gestes. Faire le « geste qui sauve » à Douala, c'est souvent voler au secours de policiers qui rançonnent sans pitié les automobilistes. Ils leur extorquent des billets de 1 000 FCFA. Les Camerounais qui se sont résignés à se faire racketter se consolent en les traitant d'un nom d'oiseau, les « mange mil ». Un volatile qui vit en bande comme les forces de l'ordre, des pilleurs de récoltes qui font des razzias dans les cultures.

Ce n'est finalement pas un hasard si l'avocat est aussi souvent surnommé « bière » au Cameroun. Car, finalement, un pourboire, c'est de l'argent pour boire. Du gelt pour drink, si on le traduit en flamand belge. Le pourboire est un drinkgeld. Les Belges francophones se sont appropriés le terme. Un drinkgeld est un avocat belge.

Le « Dallasseur », impitoyable sapeur

Quelque part sur la 127e Rue, Harlem. Mon interlocuteur se prépare à sortir. Le jour, il conduit un taxi. La nuit, il est DJ, chanteur dans La boîte africaine du Bronx. Dans sa chambre, chemises fluorescentes Gianni Versace, bottines en peau de crocodile et lunettes aux glaces fumées. Des lunettes de soleil à la messe de minuit ? N'en fait-il pas un peu trop ? « Non, en fait, ce soir je fais le boucantier... » Soit. Mais encore ? Il va faire du boucan. J'apprends que chez lui en Côte d'Ivoire, « faire du boucan », c'est faire du tapage, c'est-à-dire être tape-à-l'œil. Et le voilà parti

en roulant les épaules. Quel « dallasseur » celui-là...

Dallas : l'inoubliable et très aimable Jr... La toujours sobre Sue Ellen... Mais quel rapport avec ces chroniques consacrées jusqu'ici aux mots de la francophonie ? Aucun, a priori. Pourtant en Côte d'Ivoire, *Dallas* fut une série culte au point de créer un authentique verbe francophone inconnu de nos pointilleux dictionnaires. Pour les Ivoiriens, « dallasser », c'est marcher en roulant lentement les épaules, le regard dominateur, l'air sûr de soi, un peu comme les héros de la série des années 1980. C'est du moins le souvenir que Jr, Bobby et les autres ont laissé dans les rues d'Abidjan. Se dallasser correspond à l'expression française, rouler des mécaniques !

Mais pour dallasser, il vaut mieux être un sapeur ! Non, pas un pompier. Mais un membre de la SAPE, la société des Ambianceurs et des Personnes Élégantes. Une entreprise créée dans cette décennie 80 au Congo par des dandys tropicaux. Les membres partagent le goût de beaux vêtements, de préférence hors de prix, et hélas très souvent pas à la portée de leurs bourses. Mais toujours tiré à quatre épingles, le sapeur n'en a cure. Du moment qu'il est « griffé » ! C'est-à-dire qu'il porte des vêtements de marques, portant la griffe de grands couturiers ou plus fréquemment de grossières imitations.

À Kinshasa, pour pouvoir faire le « fiéreux », pour faire le paon dans les rues, un sapeur se doit d'être sur son 31, ou alors carrément « sur son 36 » comme disent les Québécois. Il doit pouvoir « lancer », ajoute-t-on à Brazzaville. « Lancer » signifiant « inaugurer » de nouveaux habits, changer de garde-robe assez souvent, bref être à la page, suivre la dernière mode. Au Sénégal, on appelle ainsi « JP », initiales pour jeune premier, l'insupportable minet qui vendrait père et mère pour une chemise dernier cri. Dans les rues de Cotonou, on dira d'une personne élégante qu'elle est « Jaguar ». La ligne racée de la marque anglaise, aux voitures rutilantes et à la carrosserie opulente, est considérée comme le summum du raffinement au Bénin. Mais si pour les Béninois, le bon goût et l'élégance chics ne peuvent qu'être british, ce n'est pas le cas au Congo.

Le sapeur congolais est très souvent un « parisien », ou un « belgicain », même s'il vit depuis des années à Kinshasa. Un « parisien » est un Congolais qui a séjourné ne serait-ce que quelques jours en France (même en province, même outre-mer...) et qui de retour au Congo s'habille toujours à la mode occidentale. Même chose pour les « belgicains » qui sont souvent d'anciens étudiants congolais en Belgique. Mais certains « parisiens » n'ont jamais quitté le Congo. Ce qui ne les empêche pas d'adopter le style de vie des « miguélistes », ceux qui sont allés à Miguel. Miguel ayant longtemps désigné l'eldorado occidental en général et l'Europe en particulier. « Faire son parisien » ne laisse pas son monde indifférent, provoquant jalousie ou mépris. Mais pas d'insultes. Personne ne crie dans les rues au passage d'un sapeur : « Parisien, tête de veau » ! Sans doute parce que l'amabilité n'a pas encore franchi les rives du fleuve Congo.

Apollo, un français lunaire…

C'est une date anniversaire qui ne peut s'oublier. Même pour ceux qui, comme moi, ont besoin d'un pense-bête. Le 21 juillet 1969 naissait un ami intime. Un petit évènement pour sa famille. Un non-événement pour l'Humanité. Il faut dire que ce jour-là la concurrence était rude : un certain Neil Amstrong prétend avoir fait un petit pas pour l'homme, un bond de géant pour l'Humanité. Les retombées de cette mission spatiale Apollo sur notre langue sont invraisemblables. Pour moi, Apollo n'a été longtemps qu'une irritante maladie des yeux…

Quand il pose le pied sur la lune ce 21 juillet 1969, Amstrong et ses camarades de voyage savent qu'ils font avancer la science spatiale. Mais les spationautes ignorent sans doute qu'ils ont aussi contribué à enrichir la langue française. Leur exploit se retrouve du jour au lendemain dans le langage parlé de millions de francophones. Dans des contrées aussi lointaines qu'inattendues.

Au Rwanda par exemple, on se targue depuis ce jour de « voyager en Apollo ». Et pas besoin de demander la lune comme destination. « Tu vas prendre l'Apollo ? » s'enquiert l'épouse auprès de son mari qui s'apprête à quitter la capitale pour la campagne. Rassurez-vous, le Rwanda n'a pas de programme spatial clandestin. Voyager en Apollo signifie là-bas faire la route suspendu au toit d'un autocar bondé ! À la manière d'astronautes parcourant le vide spatial, les passagers rwandais font le trajet dans le vide terrestre. Agrippés dangereusement aux portes du bus sur les routes cabossées de

Kigali, ils ne s'accrochent en réalité qu'à une seule chose. L'espoir d'arriver entier à destination. À l'arrivée, ils se font chambrer. Avec ironie, on dit d'eux qu'ils ont voyagé en apesanteur, dans l'atmosphère, dans l'espace, un peu finalement comme les hommes de la mission Apollo.

Ailleurs en Afrique noire francophone, le terme Apollo quitte le spatial pour le médical. Dans presque tous les pays, chacun redoute d'attraper l'Apollo. D'autant plus que l'Apollo traîne une sale réputation. Celle d'une maladie contagieuse, qui se transmet d'un simple regard. « L'Apollo » est une maladie à fantasme. Le nom de la mission spatiale américaine désigne là-bas une infection des yeux connue sous le nom médical de conjonctivite virale.

Et tenez-vous bien, ce n'est pas un hasard ! La maladie serait arrivée dans ces pays en même temps qu'une poussière spatiale descendue du ciel au retour de la navette. Laquelle poussière aurait rougi les yeux des curieux qui tentaient d'apercevoir l'engin spatial : la mission Apollo aurait correspondu à une épidémie de conjonctivite. Un bobard fantaisiste, à la limite de la science-fiction, qu'on vous racontera avec le plus grand sérieux dans les rues de N'djaména. Sans pour autant dissimuler un brin de malice dans les yeux !

Sur le continent africain, la fascination pour la mission Apollo ne s'arrête pas là. Si curieux que cela puisse paraître, la conquête spatiale américaine a aussi inspiré le langage de la coquetterie. Au Burkina Faso, il n'est pas rare de croiser des femmes « habillées en Apollo ». Vous les imaginez vraiment dans des tenues nylon synthétiques ou combinaisons ignifugées qu'elles porteraient, altières, dans les rues de Ouagadougou ? Évidemment non. S'habiller en Apollo, c'est porter des vêtements dont la coupe rappelle un stylisme aérien. Ce qui donne de larges boubous futuristes aux manches en forme d'ailes d'avions. En guise de coiffure, le style Apollo, c'est un pagne enroulé autour de la tête de façon à ce que l'ensemble prenne irrémédiablement l'allure d'une fusée ! On peut dire ce qu'on veut, mais c'est un fait. La mode Apollo, c'est vraiment lunaire.

Allô, ici le corbeau...

Un truculent collègue, voisin de bureau à la rédaction. « Bon alors, à ton avis, c'est qui le corbeau ? » Je n'en sais rien et je suis loin de me douter qu'on le saura bientôt. « Toujours est-il que cette affaire Clearstream n'est pas très clair », ajoute-t-il. On rit du jeu de mots. « Clear stream » en anglais pouvant se traduire par ruisseau clair. Et pourquoi pas en faire une chronique ? me demande-t-il. Quoi sur Clearstream ? Non sur le corbeau. Aussitôt suggéré... aussitôt fait.

C'est un spécimen plutôt rare en France, si l'on en croit les ornithologues. Un oiseau au plumage noir, à la mine sournoise, au regard conspirateur, qui semble avoir perdu ces derniers temps son statut d'espèce protégée. La chasse au corbeau a duré plusieurs mois. Et tout le monde semblait vouloir sa peau. Les fines gâchettes de la presse, maîtres espions ? Le ministre candidat, le juge indélicat et les juges intrépides... les chasseurs ne chassaient pas pour les mêmes raisons... En France, le corbeau est trop souvent un oiseau de mauvais augure, qui annonce que le fond de l'air est vicié. Synonyme d'informateur anonyme à qui il faut parfois clouer le bec. Surtout quand c'est un délateur zélé qui se cache pour nuire. Dans notre espace francophone, chacun son corbeau. Sous d'autres formes, avec d'autres expressions, dissimulé derrière d'autres mots, il croasse dans plusieurs pays de la francophonie.

Chez nos voisins belges, le corbeau prend ainsi l'allure d'une « raccusette ». Le mot raccusette est un belgicisme né d'une association de deux malfaiteurs, un zeste de rapporteur et une grosse louche d'accusateur. La racusette est un mouchard qui n'a franchement jamais eu bonne presse, mais qui peut quelquefois faire découvrir le pot aux roses.

En général, les révélations du corbeau font jaser. La bien nommée expression québécoise « avoir la jasette » ne dit pas autre chose. Avoir la jasette, c'est avoir la langue bien pendue ! À Montréal, on dit des bavards intempestifs qu'ils font « marcher leurs babines ». En clair, ils se les lèchent, prennent plaisir à colporter des rumeurs, des ragots et leurs équivalents locaux, des « cacassements ». Dans la belle Province, on rapporte des cacassements comme nous autres le faisons avec nos cancans !

Quitte à faire courir des rumeurs, autant utiliser le bon canal. En Afrique noire francophone, il faut se brancher sur « radio trottoir » ! Ne cherchez pas sa fréquence sur la bande FM. Aussi puissant que le téléphone arabe, aussi salissant que la calomnie, plus informé que les journaux officiels, radio trottoir c'est le média officieux de la rue. Il ne fonctionne que par « bouche à oreille ».

Un mode de propagation qu'on connaît bien en Haïti. Que la nouvelle soit agréable ou triste, importante ou sans conséquence, elle peut faire le tour de l'île grâce au « télégueule ». Le télégeule est bâti sur le même principe syntaxique que ses cousins lointains, la télévision ou le téléphone. Les Haïtiens de l'élite, à l'esprit plus châtié, ayant accès à une certaine information préfèrent parler de « télébouche ».

Dis-moi à quoi ressemble ta bouche, je te dirai qui tu es... Au Tchad, une « mal bouche » désigne une mauvaise langue qui fait preuve d'insolence, une effrontée qui l'ouvre tout le temps pour un oui ou plus souvent un non... « Avoir une grande bouche », au Mali, c'est faire galoper la calomnie sur un principe : celui du mensonge le plus énorme qui a le plus de chances de passer. Avoir une « bouche qui marche » au Cameroun, c'est faire courir des bruits infondés, bruits mille fois répétés selon le vieux mot

« Calomniez, calomniez, il en restera toujours quelque chose ». Le Camerounais qui « cherche la bouche de quelqu'un » veut inciter cette personne à parler, à « taper les divers », entendez par là, parler de tout et de rien, et surtout de gros bobards...

Rendons grâce à ceux qui font de leur bouche un usage plus responsable. Le Congolais qui « mange sa bouche » ne sera jamais un délateur. S'il mange sa bouche, il avale surtout ses mots, bredouille, hésite, se ravise et finit par rester sans voix, comme effrayé par son inaudible mensonge ; quant au Malien qui garde « la bouche chez lui »... il ne se mêle pas des affaires d'autrui, ne propage aucune nouvelle, fait preuve d'une discrétion et d'une prudence légendaire. S'il garde la bouche chez lui, c'est pour qu'elle ne vagabonde pas et évite ainsi les mauvaises ondes... Celui-là a fait sien l'adage ivoirien, « Yeux voient, bouche ne parle pas ». Une version locale de l'omerta. Avec une telle philosophie, c'est sûr, il n'aura jamais ni la vocation, ni le bec d'un corbeau !

La chapelle des ivrognes...

Il y a quelque chose de sympa avec l'ivresse. On est rarement dépaysé. Aussi loin que les voyages professionnels et personnels m'aient porté, le lever de coude est toujours perçu comme un sport très local. Combien de fois ai-je entendu des traducteurs, des officiels locaux, des rencontres d'un soir vanter leurs capacités éthyliques, forcément supérieures aux autres, indubitablement les meilleures au monde. On s'épargnera le récit désespéré et répétitif de ces soirées. On préférera se régaler d'une si grande variété de mots francophones pour décrire une activité si commune...

Un verre, deux, puis trois et pourquoi pas un petit dernier pour la route... La vedette récurrente de nos campagnes de prévention, c'est bien lui, le pilier de comptoir ! Et pour lui trouver des homologues dans l'espace francophone, on n'a que le choix, et même assez souvent l'embarras. Dans les bars de N'djaména, l'alcoolique notoire somnole dans un coin à peine éclairé, l'œil entrouvert, à l'affût du prochain client assez généreux pour partager une dernière bière. Les habitués de l'enseigne l'interpellent « comment va le cuveur ce soir ? » Cuveur, pour son incomparable capacité de cuver son vin... il n'est pas si différent de l'ivrogne suisse qui porte beau son épithète de « soûlon ». Un terme qu'on retrouve dans l'Ain et en Lorraine, et qui est repris d'ailleurs par les cousins québécois avec beaucoup d'entrain. Ce qui ne déplaît pas aux Suisses, peu avares en mots d'ivresse. Parmi les soûlons, se distinguent les « pintocheurs ». Spécialité : buveurs de bière, ceux qui avalent, on s'en doute, pinte sur pinte... En francophonie, qu'importe l'ivresse, pourvu qu'on ait les mots pour en parler...

En fonction de la région où on se trouve dans la fédération helvète, on peut se prendre une « assommée », une « astiquée », une « gonflée », une « déguillée », une « crattée », une « lugée »... Bref une cuite, la « cuite fédérale » étant ce qui se mesure le mieux à « l'ivressomètre ». Cette trouvaille, on la doit aux Québécois qui doivent trouver nos éthylotests et autres alcootests pas assez significatifs.

À Montréal, on évite de tomber sur l'ivressomètre de la gendarmerie royale après s'être pris une brosse. « Se prendre une brosse », c'est boire jusqu'à plus soif, « se paqueter la gueule ». On devine à quoi doit ressembler la tronche. Le plus dur c'est encore devoir la regarder le lendemain. On se préfère en général la veille encore à jeûn. D'où l'expression québécoise, « lendemain de la veille » censée traduire les heures suivant une cuite carabinée.

Comme personne n'aime se faire traiter de saoulard, l'imagination francophone a trouvé la parade... et une série d'allégories. Ainsi à la Réunion, si vous forcez un peu trop sur le rhum, on dira de vous que vous êtes « rond comme une boule carrée ». Façon plaisante de signifier que vous avez perdu toute notion de géométrie. Au point de tourner autour de votre ombre quand vous avez « les pieds ronds » comme le prétendent les Canadiens. Et si vous titubez au milieu de la route, là c'est sûr, vous êtes « bourré comme un trou » !

En Haïti, quand l'alcool coule à flots, il arrive que ceux qui prennent des cuites se tapent la poitrine, ricanent et grimacent sans raisons. Les mauvaises langues murmurent alors qu'ils sont « ivres comme des macaques » ! Ce qui, vous en conviendrez, n'est pas très charitable pour nos cousins les singes. Dans la Vallée d'Aoste, région franco-italienne, les ivrognes ont la curieuse et inexplicable propension à tracer des plans sur la comète. « Ceux-là, ils sont montés dans la lune », lâche-t-on dans leur entourage avec une bienveillance attristée.

Il n'y a finalement que les Belges pour parler du lever de coude avec le respect dû aux gestes sacrés ! À Bruxelles, le bistrot dans lequel on se saoule s'appelle rien de moins qu'une « chapelle ». Un lieu dédié au culte de la bouteille. Inutile de préciser qu'on n'y boit pas que du vin de messe !

Dans les couloirs du piston...

On pense être blindé. Et puis ce jour-là tombe une dépêche qui remue le fond d'indignation tapi dans le puits de notre cynisme ordinaire. Un ex-champion olympique qui obtient une grâce présidentielle en faisant jouer ses appuis politiques. Cet ex-ministre qui efface à bon compte une condamnation dans un dossier de gros sous. Ce dirigeant du CIO qui va pouvoir continuer à représenter la France après avoir été reconnu coupable de corruption par la justice de son pays. Pour un seul homme, trois casquettes et beaucoup de casseroles. On a beaucoup glosé sur l'affaire entre francophones. Pas vraiment

pour célébrer le génie hexagonal. Un ami malien, moqueur : « Il paraît que c'était un champion d'athlétisme sur 110 m haies. Il a vraiment emprunté le bon couloir... comme on dit chez nous. » Explications

Ce n'est guère rassurant, et même franchement vexant. En tout cas, profondément décevant. Le piston n'est pas une invention française. Le piston politique n'est pas qu'une manie hexagonale. Les Maliens, eux aussi, savent « faire le couloir ». Une expression trouvée pour tous ceux qui se tirent d'une mauvaise affaire après avoir obtenu une faveur d'un ami politique.

Si à Paris, on décide d'une amnistie dans les antichambres d'un palais républicain, à Bamako, on « fait couloir » dans les allées des ministères, des partis ou à la résidence de responsables politiques en vue. L'objet des sollicitations tourne souvent autour de l'attribution d'un marché public à des conditions défiant toute concurrence. « Faire couloir » pour un affairiste malien consiste à parcourir les cabinets ministériels, naviguer entre les bureaux des décideurs, un dossier dans une main, une enveloppe garnie dans l'autre. À moins de disposer d'un ordre de virement...

En échange de quoi, celui qui fait couloir obtient une précieuse recommandation, une lettre ou un mot à l'autorité indiquée. La garantie « qu'on ne va pas s'asseoir sur mon dossier au ministère » justifiera un Camerounais. On bénéficie de ce piston autant pour des raisons financières que ethniques ou familiales... Dans ce dernier cas, les Togolais parlent de « parentisme », une gangrène dans ce petit pays soumis depuis son indépendance au racket financier du même clan familial.

Le parentisme est une version locale du clientélisme à la française, un népotisme qui consiste à nommer parents, cousins éloignés et fils incompétents à des postes juteux. Très souvent, trop souvent des emplois fictifs. En Haïti, on appelle ces employés fantômes, des « chèqueurs ». Les chèqueurs n'ont qu'une obsession, toucher leurs chèques. Et qu'une crainte, devoir faire une activité, être obligé de justifier leur salaire. Mais à la faveur d'un changement politique, il peut arriver que ces privilégiés se fassent démasquer et soient aussitôt débarqués ! Les Congolais qui n'en loupent pas une dans ces cas-là tiennent leur revanche. « Vous avez vu ? Le fils de untel marche à pied maintenant. Il a été assaini la semaine dernière... » Assainir, c'est nettoyer, se débarrasser des rejetons pistonnés en l'occurrence.

Mais en Afrique francophone, on ne fait pas seulement couloir dans les allées et les coulisses du pouvoir. Si en France, on s'ingénie à détourner la carte scolaire grâce à quelques pistons bien placés, au Congo, les parents font couloir dans les lycées pour assurer de bonnes notes à leurs enfants. On appelle ainsi « élèves couloirs », ceux promus en classe supérieure malgré des notes médiocres, grâce à l'intervention avisée du proviseur. Lequel fonctionnaire s'est laissé facilement convaincre par des parents généreux dans les couloirs du lycée.

Au secours, les charlatans virent fétichistes !

Quoi de plus plaisant que de lire leurs annonces. Juste à la sortie du métro Barbès, avant qu'ils ne disparaissent du décor, victimes de la rénovation urbaine et de l'embourgeoisement sournois du quartier. « Mamadou Diallo, guérisseur traditionnel, soigne vos peines de cœur, fait revenir l'être aimé, vous procure la chance, vous garantit la prospérité »... Suivait un numéro de téléphone et souvent une adresse. « Vous attends pour une consultation 15 rue de Panama. » Une amie qui avait dû consulter après un chagrin d'amour. « Quelle bande

d'escrocs, de vrais charlatans », se désolait-elle. Des escrocs oui, des charlatans non. Faut pas tout confondre. Il y a plus qu'une nuance.

Avez-vous déjà eu l'occasion de vous faire « enfermer dans un cadenas » ? Ne fouillez pas dans vos souvenirs. C'est peine perdue. Pourtant la question n'a rien de saugrenu. Du moins si vous êtes ou si vous avez vécu en Côte d'Ivoire... Se faire enfermer dans un cadenas, « se faire attacher » comme on dit au Cameroun, c'est être victime d'un mauvais sort. Et si on vous jette un sort, un bon conseil, allez donc voir un charlatan !

Pas la peine de ricaner : dans le monde francophone, le mot charlatan n'a pas partout la même connotation péjorative. N'en déplaise aux esprits chagrins et farouchement cartésiens, le charlatan peut être très utile. Et il y a des pays où aucune décision importante ne se prend sans en référer au charlatan. Le charlatan tient parfois du psychologue de famille. « Je ne te rendrai pas visite ce samedi, je dois voir mon charlatan pour le problème familial dont je t'ai parlé », lance une copine à une autre à la veille d'un week-end.

En République centrafricaine, il est bien utile de disposer de son charlatan personnel. À défaut de se payer un médecin de famille. Qui plus est la gamme de « soins » du charlatan dépasse les limites de la science médicale. C'est pratique. On prétend là-bas qu'il est capable de dompter les esprits, de jeter des sorts, d'envoûter ou de désenvoûter ceux qu'on lui désigne. On dit de lui qu'il « maraboute » et « démaraboute ». C'est le yin et le yang local.

Autre corde à son arc, le charlatan peut aussi être un fétichiste ! N'y voyez aucune allusion à des pratiques que la bonne morale réprouve... Un charlatan fétichiste, c'est un peu un marabout féticheur ! Autrement dit, un guérisseur qui soigne à l'aide de fétiches. Un fétiche, pouvant être un animal, une plante, ou un objet chargé de pouvoirs surnaturels ou de symboles mystiques, gare à celui qui se marre.

Et parce qu'ils se savent souvent moqués, les charlatans féticheurs organisent la riposte. Sur le terrain de l'adversaire. Ils se sont octroyé le statut de praticien. Des « tradipraticiens », terme désignant désormais un guérisseur se servant des traditions et des pratiques médicales ancestrales africaines pour soigner.

Mais en Afrique francophone, le terrain de prédilection du féticheur reste le stade de football. Dans toutes les compétitions, du stade amateur au semi-professionnel, des tournois de quartier aux concours de lycée, une équipe qui en impose dispose de son féticheur. À la veille d'un match, il réunit joueurs et encadrement pour une séance de dégustation. On y avale d'infâmes mixtures censées garantir la victoire. L'équipe adverse a intérêt à avoir des « protègements ». C'est ainsi qu'on appelle aux Antilles les recettes pour se protéger du mauvais sort, un « anti grigri » au Cameroun.

Tout cela peut paraître farfelu mais on n'hésitera pas à faire des suggestions à quelques lanternes rouges de la Ligue 1 dont un club fameux de la capitale. Un bon buteur se révélant hors de prix, un bon féticheur fera l'affaire. Le résultat n'est pas garanti mais bon. Ça ne peut pas être pire que maintenant.

Québéciste.net

Une amie au Canada, pleine de reproches : « Tu ne réponds jamais à mes courriels... » Petite réponse moqueuse. « Depuis quand tu n'envoies plus que des courriels ? On ne dit plus mail au Canada ? » Une question me taraude tout de même. Les Québécois seraient-ils plus à cheval sur la défense de la francophonie sur Internet que les Français ? Petite recherche dans l'édition récente de ma version informatique du Petit Larousse. Rien, pas de « courriel » recensé. Pas de « mail » non plus, mais un « mailing » retrouvé, devenu usuel dans le langage courant du Web francophone. Si la France semble

avoir baissé les bras sur la Toile, la résistance veille. Et elle a un drôle d'accent au sirop d'érable.

C'est un champ de bataille où la défaite du français semblait consommée. Sa reddition signée, l'armistice demandé. La retraite assumée. Sur le clavier de nos ordinateurs, l'anglicisme roi paradait en triomphant ! Et pas un triomphe modeste. Une victoire à vous aligner les bataillons, revue des troupes en prime. Les faits d'armes sont connus et têtus. Ne dit-on pas « le Web » au lieu de la Toile ? Ne préfère-t-on pas « le Net » au Réseau ? Pour ne citer que les mots les plus utilisés. Inutile d'évoquer le langage spécialisé et technique des programmateurs informatiques. La francophonie avait baissé pavillon.

C'était sans compter avec l'héroïsme de quelques troupes francophones. Des divisions pas très nombreuses. Et assez localisées quelque part vers le nord de l'Amérique du Nord. Des régiments provinciaux, puisque issus de la Belle Province québécoise. Suffisamment aguerries pour entrer en résistance, en dissidence contre l'occupation anglophone de nos ordinateurs. Non pas pour le plaisir de livrer bataille, juste pour faire respecter son identité francophone.

Ces troupes québécoises avaient déjà remporté une bataille décisive, remarquée mais insuffisamment célébrée. Grâce à elles, on n'était plus obligé de dire « je vous envoie un mail ». On avait désormais le choix, il existait une alternative. On pouvait dire « avez-vous reçu mon courriel ? » ou « qu'avez-vous pensé de courrier électronique ? » Victoire symbolique qui en appelait d'autres... Voici donc les dernières nouvelles du front !

« Chatter sur Internet », quelle expression devenue ringarde ! Grâce à la bravoure (ou la bravitude pour les plus royalistes) des Québécois, on « clavarde » joyeusement sur la toile. Si vous clavardez comme on le fait depuis un certain temps à Montréal, alors vous voilà projeté en pleine modernité ! Clavarder, une invention toute simple, c'est littéralement bavarder à l'aide d'un clavier.

Et si en clavardant, vous recevez un courriel non sollicité dans votre boîte de réception, il y a de fortes chances pour que ce soit un spam. Agressifs, racoleurs, intempestifs, très souvent porteurs de virus, ces spams vous pourrissent la vie. C'était aussi le sentiment des internautes québécois.

Puisqu'ils pourrissent la vie, au Québec, les spams ont été baptisés des « pourriels », des messages électroniques pourris dont il faut se débarrasser au plus vite ! Et ceux qui vous envoient ces pourriels, ces spams pourris, jusqu'ici, nous les appelions des « spammeurs ». Eh bien, sachez qu'il existe un nouveau terme pour les désigner. Ce sont des « polluposteurs », en clair ceux qui vous envoient des courriers pollueurs !

On suivra avec intérêt les batailles à venir. Télécharger des morceaux de musique et les graver sur un disque, beaucoup trop long à répéter... Il suffira de dire à l'avenir qu'on a « endisqué » tel artiste. Et quand on utilisera un logiciel public libre de droit, on dira qu'on fait usage d'un « publiciel ». Ce sera notre effort de guerre, pour faire plaisir à nos cousins francophones. Il faut soutenir le moral des troupes. À défaut de vouloir monter au front.

En Chine populaire, c'est la bourrée

En Algérie, on les a longtemps appelés les « hittistes », jeunes désœuvrés « tenant les murs ». Nous, au Cameroun, n'avions pas de nom mais les mêmes habitudes. Adossés ou pas à un mur, nous restions entre potes de lycée, après une fastidieuse journée de maths, physiques ou chimie, autant de funestes réjouissances. Une dizaine de garnements rassemblés à ce qui tenait lieu de carrefour. « Mais c'est la Chine populaire ici ! » s'exclamait le dernier arrivé avec l'œil rieur. Manière de constater que nous étions nombreux, aussi nombreux que les hommes les plus nombreux sur Terre, les Chinois. C'était une

image évidemment et un trait d'esprit moqueur. Renseignements pris, les Suisses auraient dit que notre rendez-vous, c'était la bourrée. Un mot que les francophones n'utilisent pas tous pour évoquer une grande affluence...

On dit dans les cercles géopolitiques que l'Afrique va devenir le nouvel eldorado chinois. Et, sur le continent, certains redoutent déjà le nouveau « péril jaune », une invasion manufacturière et humaine. Il n'est plus rare de croiser des centaines de Chinois dans les centres-villes africains, rajoutant une touche de couleur supplémentaire à un décor de marchés bariolés. Pour bon nombre d'Africains, la Chine, c'est d'abord un chiffre. Un chiffre effrayant, le milliard. Un chiffre aussi infini que celui des foyers polygames à la multitude de rejetons. Au Cameroun, on appelle ces familles kilométriques des « foyers Chine populaire ». La Chine ne pouvant être dissociée de l'adjectif populaire, Chine populaire désigne dans l'esprit du pékin moyen tous les lieux peuplés à l'extrême.

Pas étonnant que les Congolais de Brazzaville se rendent à Pékin tous les dimanches après-midi. Les places ne sont pas cher payées mais l'espace y est réduit. Les compagnons du voyage vous souffleront « y a foule à Pékin aujourd'hui pour le grand match » ! Pékin est l'endroit le plus peuplé du stade, les tribunes les moins chères et celles d'où on voit le moins bien. On s'y bouscule, ça crie, ça grouille, ça joue des coudes. Comme pour un jour de départ en vacances... un jour de bourrée.

Le début de l'été en Suisse est propice à toutes sortes de bourrées. C'est d'ailleurs une des plus grandes bourrées de l'année. Et c'est très prévisible comme événement. Dans les journaux télévisés suisses, la bourrée est un marronnier. En gare de Genève, c'est la bourrée dans les trains, pour le premier grand départ en vacances des juillettistes ! On se presse sur le quai au départ des trains.

Pendant les bourrées, on court pour ne pas « être à la bourre » comme on dirait en France. Pris par le temps, induit en erreur par un mauvais affichage, piétinant dans une file d'attente, on peut rater son train. La bourrée se transforme alors en galère.

Tout cela est bien pénible. Une bourrée pénible n'est que tautologie aux oreilles des Québécois. La bourrée québécoise est par définition une période de travail ardue. Les bûcherons se donnent une bourrée dans la forêt avant la reposante partie de pêche entre copains ! Le réconfort après l'effort, voilà la philosophie de la bourrée québécoise. Schématiquement, le terme évoque un effort de courte durée mais d'une grande intensité. C'est ce qui s'appelle avoir un coup de bourre.

De quoi creuser l'appétit. Un petit canard bourré ferait bien l'affaire à Saint-Denis. À la Réunion, les canards sont gavés de graisse par leurs propriétaires qui s'en pourlèchent les babines. À Ndjaména au

Tchad, on se gave aussi. Mais de bourratifs ! Un bourratif étant un aliment lourd servant à se remplir le ventre pour calmer sa faim. Pour les amateurs de coupe-faim, en voici la recette. Une petite boule de mil, une sauce fluide où surnagent quelques rares poissons séchés !

C’est quoi ton char ?

Quelques coups de fil pour préparer une série de reportages au Bénin. Discussion avec un correspondant local chargé de prendre des contacts. « Je t’ai calé un rendez vous avec une ex-Nana Benz... » Il se doute que je ne peux pas ignorer ce que sont les Nana Benz. Pour les Africains francophones, ces nanas sont aussi célèbres que les Mercedes. Et pour cause, elles ne roulent qu’avec la marque allemande. Du moins, au temps dc lcur splendeur opulente dans les années 1980. L’expression est restée dans les mémoires pour décrire ces femmes riches qui avaient fait fortune dans le commerce des pagnes en coton. Je

lui demande une précision. « Elle a toujours sa Merco la Nana Benz » ? « Non, elle l'a revendue, elle roule maintenant en congelé... » La Merco, diminutif affectueux de Mercedes en dit long sur l'amour que certains francophones portent à leurs voitures. Au point de rivaliser d'ingéniosité pour parler de leurs bagnoles.

C'est une habitude au Québec. On n'y roule qu'en « char ». Au début de chaque période de congés, les vacanciers se précipitent sur les routes à bord de leurs chars ! Eh oui... des chars prennent d'assaut les routes québécoises, et personne n'y trouve rien de belliqueux. Mais rassurez-vous, un char québécois ressemble à s'y méprendre à une voiture française. À ceci près, qu'il est un peu plus grand. Comme une grosse auto américaine. Mais ce n'est pas parce que les chars québécois sont gros qu'il faut les appeler de « gros chars ». Le bitume ne saurait tolérer un gros char. Non, c'est sur rails qu'on trouve les gros chars, expression ancienne qui désigne des trains. Et quand un Québécois vous dit, « ben c'est pas les gros chars », sachez que ce dont vous lui parlez ne l'impressionne guère. Quant aux « petits chars », ils ne font que du transport collectif. Normal pour des autocars.

Quand ils prennent des autocars, les Guadeloupéens, eux, prétendent « voyager avec de petites bombes ». Pas la peine de s'affoler, pas d'attentat en vue ! Les « bombes » qu'on trouve sur les routes de Pointe-à-Pitre sont de petits bus pilotés comme des bolides. Inutile de préciser qu'on y monte à ses risques et périls ! D'ailleurs, « rouler à toute bombe », c'est se prendre pour un pilote de F1 sur un chemin escarpé de montagne sur l'île.

Si vous préférez un trajet moins périlleux, on vous recommande un mode de transport collectif, la « bâchée ». En Tunisie mais aussi au Cameroun, la bâchée transporte hommes, vivres et matériels. C'est pratique comme un camion, solide comme un

4 × 4, et très utile contre les intempéries. Quand il pleut, on y déploie une bâche à l'arrière. D'où le nom de « bâchée ».

Rares sont ceux qui peuvent s'offrir une bâchée neuve ou tout autre véhicule sorti tout droit d'usines. Il n'y a plus qu'à se rabattre sur une occase. Une « congelée » comme les appellent encore les Camerounais. Une congelé a perdu toute sa fraîcheur. Évidemment c'est une voiture de seconde main. Mais elle est arrivée dans le port de Douala dans un conteneur réfrigérant. Au milieu d'une cargaison de poissons. Comme ces compagnons de route, la voiture d'occasion est arrivée « congelée » sous les tropiques. Les Tchadiens ironisent sur les véhicules ainsi importés par leurs voisins camerounais. « As-tu vu la voiture d'Abdoulaye ? » « Pas encore », répond l'ami avant d'ajouter : « Mais il paraît que c'est une France au revoir. » « France au revoir », expression cinglante pour désigner les voitures poubelles retirées du marché français après avoir roulé leur bosse et qui sont expédiées au Tchad pour y vivre une seconde vie.

À défaut d'en posséder une, on peut toujours « sauter sur une voiture d'occasion » au Niger ! Mais attention, rien à voir avec la voiture de seconde main revendue par son propriétaire. « Voyager en occasion », c'est saisir l'opportunité de voyager gratuitement, en faisant du stop ! Ce que les Québécois appellent « voyager en pouce ». Là-bas, faire le signe du pouce vous désigne non pas comme un auto-stoppeur mais comme un « pouceur ».

Si vous êtes sur une route africaine et que personne ne s'arrête malgré votre pouce levé, restez philosophe... Il vous reste une possibilité, mais il va falloir compter sur vous-même. Prenez donc le train. Pas n'importe lequel. Le train n° 11 ! En Afrique francophone, prendre le train 11, c'est se résigner à marcher à pied. 11, 1 et 1, représentant les deux jambes du marcheur ! « Il va en Renault II », ajoutera-t-on au Cameroun pour se moquer de celui qui « tape à pied ». Marcher à pied, comme le disent joliment les Béninois, c'est « prendre son pied la route » ! À voir...

Aux soldes, faites-vous cadeauter

« Je vends, je perds », crie à tu-tête un commerçant au marché central de Douala. « Je vends, je perds, venez me tromper... » ajoute-t-il le regard malicieux devant nos mines incrédules. Un commerçant qui se laisse volontairement berner en vendant à perte, évidemment personne n'en croit un mot. Mais tous se pressent autour du stand. L'argument de vente fait mouche. « Je te cadeaute un pantalon si tu achètes trois », surenchérit le vendeur. Ici aussi, on ne recule devant rien pour attirer le chaland aux soldes...

Pas moyen d'y échapper. Par ici madame, 50 % de réduction à ce rayon. Et vous monsieur, vous prendrez bien cette cravate. Mesdemoiselles, ne manquez surtout pas la troisième démarque. Le même cirque deux fois par an. Alors, de grâce, combattons la routine, celle du langage qui nous fait dire qu'on sort « faire du shopping ». Shopping, c'est shocking diraient les Anglais. En l'occurrence, ce sont les Québécois qui seraient choqués de nous entendre ainsi céder aussi vulgairement au vocable anglais. Nos cousins francophones mettent un point d'honneur « à magasiner ». Au Canada, quand on va faire ses courses, on dit simplement qu'on est sorti magasiner.

Magasiner, c'est passer de magasin en boutique, lécher les vitrines, portefeuille sur le qui-vive, à la recherche de la bonne affaire. Mais la bonne occase, vous ne la trouverez sans doute pas chez un commerçant chérant ! Ou alors, elle sera cher payée. Et ce ne sera pas l'affaire du siècle. En Haïti, un « commerçant chérant » ne pratique que des tarifs exorbitants. Il traîne la réputation d'un mec prohibitif. En langage familier, on dirait qu'il est un peu chérot ! Le vendeur chérant ne vous fera pas de cadeaux, même pas pendant les soldes ! De toutes les façons, on sait sur les marchés ivoiriens que le « cadeau », on ne vous l'offre pas sur un plateau. Il faut le demander et souvent l'exiger. « Tu me donnes quoi en cadeau ? » interroge la ménagère soucieuse de l'économie du foyer. Le cadeau est gratuit, cela va de soi. C'est surtout un bonus, un petit plus, une sorte de compensation que le commerçant rajoute pour s'attirer les bonnes grâces de la cliente. Avec le cadeau, le commerçant fait un pari sur l'avenir. La cliente reviendra et ramènera ses copines. « Tiens, je te cadeaute », finit-il par lâcher, en conjuguant le verbe spécialement créé pour. Le cadeau est un élément de la négociation du prix.

Il y a un art de la négociation. Une façon de marchander dont le nom varie chez les francophones. Négocier au Québec, c'est barguigner, réclamer une remise, et le barguignage à Montréal, c'est souvent interminable. Presque aussi long que des discussions de bazar... à l'île Maurice. Là-bas, les commerçants du bazar se font appeler des bazardiers ! Mais ne vous y trompez pas. Ce n'est pas pour autant qu'ils bazardent à tout va leur marchandise.

Les Nigériens, qui ont le sens du commerce, le savent. Au marché, disent-ils, « chacun cherche à bénéficier ». En clair, à faire des bénéfices, à tirer profit de la situation ! Et au Congo, tirer financièrement profit d'une situation, c'est se comporter en « emprofito-situationniste » ! Sans doute le mot francophone le plus savoureux pour désigner un escroc !

Les Congolais des deux rives sont intarissables sur ceux qui en affaires usent de toutes les ficelles. Même les plus grosses, à la limite de la légalité. Pas encore maffieux mais presque... Ce qui vaut à ces malins le surnom de « maffiateurs », habitués à recourir à l'illégalité pour arriver à leurs fins. Les maffiateurs n'hésitent pas à organiser des « cafouillages », opérations pendant lesquelles leurs victimes n'y voient que du feu. Cafouiller, c'est magouiller, tricher, prendre les autres pour des pigeons. Se faire « apigeonner » disent les Suisses, c'est se faire berner par un escroc.

Un escroc ou un macro, les Gabonais ont le choix. Cela dit, macro est sans doute plus réprobateur au Gabon où « macroter » désigne une escroquerie plus sournoise. Surtout chez une femme. La « macrotte » ayant aux yeux de tous la rectitude et la morale d'une mère maquerelle.

Ah les cons, si on en parlait...

L'idée d'une chronique sur les cons s'est vite imposée. Les mauvaises langues m'ont dit que je devais me sentir particulièrement concerné par le sujet. Facile... Les bons mots sur les cons sont toujours savoureux. Petit souci ce jour-là, trouver un élément sonore, une voix, une musique, un texte de parolier pour « habiller » cette chronique radio. À la discothèque de la Maison de la radio, petite recherche vite récompensée. Le bijou est là dans son écrin.

Quand les cons sont braves
Comme moi,
Comme toi,
Comme nous,
Comme vous,
Ce n'est pas très grave
Qu'ils commettent,
Se permettent
Des bêtises,
Des sottises,
Qu'ils déraisonnent,
Ils n'emmerdent personne
Par malheur sur terre
Les trois quarts
Des tocards
Sont des gens
Très méchants,
Des crétins sectaires
Ils s'agitent,
Ils s'excitent,
Ils s'emploient,
Ils déploient
Leur zèle à la ronde,
Ils emmerdent tout l'monde...

Signé Brassens, qui devait se douter que le con était une figure très populaire dans le français parlé hors de France.

Les pires, ce sont donc les pauvres. Les pauvres cons. Mais il y a aussi les petits cons. Les plus méchants. Sans oublier les cons qui sont assez cons pour ne pas le deviner. Soyons miséricordieux avec eux comme en Afrique de l'Ouest. De Bamako à Dakar, on lâche souvent dans un soupir accablé, « quel bandicon celui-là »... Bandicon ou bandécon, dérivé de bande de cons, petite insulte affectueuse destiné à quelqu'un de pas très futé. Il vaut mieux d'ailleurs se faire traiter de bandicon plutôt que de « con au carré » ! Ce qui donne mécaniquement une valeur exponentielle à sa supposée sottise. Et ce n'est guère mieux de passer pour un « imbécile au carré », version camerounaise qui différencie l'idiot standard de l'imbécile irrécupérable.

D'une manière générale, les francophones ont du cœur pour les idiots. Ils expriment dans leurs mots respectifs une cruelle tendresse pour la bêtise. Sur l'île de la Réunion, on est charitable avec la connerie, qui passe là-bas pour de la naïveté. La connerie, une maladie vulgaire qu'on appelle là-bas « une couillonnisse ». Couillonnisse, le mal des couillons, le mot se passe sans doute de déchiffrage étymologique...

Si l'on en croit la sagesse prétendument populaire, on est toujours le con de quelqu'un. C'est faux. Tout le monde n'a pas une tête de con. Au Québec, le crétin moyen a une gueule bien identifiée. Il a, on s'en doute, une tronche assez familière. La tête de l'emploi en quelque sorte. Une tête de con. Dans le parler français québécois, l'imbécile ressemble à quelques images bien précises. Parfois on le traite de « concombre », souvent de « beignet ». On dit aussi « celui-là, c'est un cave ! » Sauf que lui se rebiffe rarement.

« Faire le cave à Montréal », c'est faire l'ingénu, « faire l'innocent, le niais », pour tout dire c'est être resté au stade primaire.

Les Québécois garde en réserve une panoplie de mots doux pour les simples d'esprit à qui ils pardonnent tout. Chez les Ivoiriens, on dira avec compassion, « celui-là, c'est un fou guéri » ! Entendez par là, un type un peu bébête mais tellement gentil, si charmant qu'on en oublie presque sa carence. Bref, le fou guéri se soigne, mais il lui manque visiblement encore quelques cases... George Brassens aurait dit, c'est un brave con !

Ce Toyota me donne l'air flanquée...

Déniché sur Internet, rayon petites annonces, sur un des ces sites qui en font plus pour l'amour Nord Sud que des décennies de colloques et politiques publiques. Donc, « belle jeune fille africaine cherche homme âge mûr, suisse de préférence... » Suit trois lignes plus loin la description de la « beauté » en question. « ... arrière généreux... derrière cambré... belle ligne flanquée... » Puis un lien photo pour achever de convaincre les visiteurs qui tiennent à admirer l'état de la carrosserie. En francophonie, la langue de la beauté emprunte souvent au lexique des grosses cylindrées.

Pour le commun des francophones, Toyota est une marque japonaise qui taille des croupières à ses concurrentes sur le marché français. Qui s'imagine que c'est aussi le nom d'un vêtement qui met en valeur la croupe de quelques demoiselles à Kigali ? Au Rwanda, le Toyota se porte court sur la poitrine, question de ne pas encombrer les deux phares avant. C'est un corsage décolleté qui s'interdit de descendre jusqu'au nombril, laissant entrevoir une ligne racée. Ce qui compte, c'est l'allure et peu importe les kilos superflus exposés aux yeux voyeurs.

La chasse aux bourrelets adipeux n'est pas qu'un sport prisé par les Occidentales de l'espace francophone ! Partout, le spectacle provocateur de voisins de plage s'enduisant nonchalamment le corps de crème solaire est dégoûtant. Si les Tchadiens avaient le loisir de se pavaner ainsi en bord de mer, ils diraient de leurs voisins de sable : « Ceux-là se font la beauté ! » Se faire la beauté à Ndjaména, c'est se présenter sous son meilleur profil, exhiber un corps parfait en faisant croire qu'on n'y prête guère attention, tout en narguant les regards curieux. Et pour qu'une femme tchadienne puisse faire sa belle, il vaut mieux qu'elle ne soit pas « flanquée ». Au Tchad, une femme flanquée soutient ses flancs comme on traîne des bourrelets.

Avant que le politiquement correct n'impose la notion de « nanas rondes », les Québécois les disaient plutôt « rondouillettes ». Ça semble toujours moins offensant que d'insister sur le côté « grassouillet ». Une Québécoise ayant un certain embonpoint se verra gratifier du gentil surnom de « grassette ». Aussi délicat qu'au Cameroun, où on parlera d'une « femme grasse », pour ne pas dire ronde. Une « grasse femme » n'a plus qu'à « faire la taille ». Faire la taille signifiant suivre un régime amincissant pour retrouver un tour de guêpe ! Mais attention, obtenir une taille fine est un art subtil. La Camerounaise doit être taillée, sans pour autant devenir un fil de fer...

Car il ne s'agit pas de devenir trop filiforme, mais de garder ses formes tout en restant fine. Pas question de virer « minçolets » comme en Suisse. Les Helvètes se moquent gentiment de ces minçolets qui disparaissent dans leurs vêtements. Le juste milieu, seuls les Nigériens pensent l'avoir trouvé. Ni mince, ni gras, bien au contraire, les Nigériens aiment rester « cintrés ». Un Nigérien cintré n'est ni outrageusement musclé, ni particulièrement bedonnant. Cintré se dit au Niger d'un homme bien bâti, à la musculature développée, aux épaules larges. Dans le langage trivial que nous affectionnons, nous dirions qu'un homme cintré est plutôt bien foutu.

On l'a compris, l'univers francophone n'échappe pas aux canons de la dictature de la beauté idéale. Mais, parfois, certaines expressions donnent lieu à d'étranges rapprochements, à la limite de l'absurde. Ainsi à l'île Maurice, pour dire d'une femme qu'elle est mignonne, on emploie un adjectif qu'on retrouve plutôt dans le registre comique. On dit de la belle Mauricienne qu'elle est « cocasse ». Ce n'est pas de l'humour, en tout cas pas volontaire. Et c'est sans doute ça qui est drôle !

Avec les patates, on est dans les choux !

Une désespérante soirée automnale en Lorraine. À moins que ce ne fût déjà le début d'une longue nuit hivernale. Difficile pour un étudiant fraîchement débarqué de faire la différence dans cette riante cité de Nancy. Encore plus largué quand, quelques semaines plus tôt, on baignait dans une douceur toute équatoriale. Ce soir donc, je suis invité à faire la connaissance de quelques indigènes lorrains autour d'une raclette savoyarde. Premiers émois. « Vous aimez les patates hein ? On en mange bien chez vous... » Euh oui...

mais pas forcément les mêmes et pas vraiment avec du fromage ! Surprise. « Chez nous, on ne les appelle pas des patates mais des pommes de terre... et en plus on les épluche nous avant de les bouillir... » Silence gêné autour de la tablée. Un vrai choc culturel entre francophones autour de la patate, ce mot mal aimé de la francophonie...

Il y a comme ça des injustices injustifiables. Des mots qui traînent dans une partie de l'espace francophone un je ne sais quoi de péjoratif. Le terme patate en fait hélas partie ! Sa simple évocation renvoie à des images peu raffinées, ou pire, à des corvées peu sympathiques. Être de corvée de patates est un supplice ancestral. Combien d'entre nous osent avouer qu'ils ont la patate. Pas grand monde. Et même ceux qui admettent avoir la patate ajoutent aussitôt qu'ils ont la pêche. La pêche, c'est bien plus joli que la patate qui a décidément une bien ingrate réputation.

D'ailleurs au Québec, en terme d'image de marque, la patate est aussi bien cotée que le chou. C'est dire... À Montréal, « être dans les patates » c'est comme être dans les choux. L'expression désigne le fait de se fourvoyer dans l'erreur, de se tromper dans ses choix. Quand on est dans les patates québécoises, on a le moral dans les chaussettes. De quoi en « avoir gros sur la patate », autrement dit se trimbaler un cœur meurtri et pleurnichard, bref une âme de vaincu. On dit là-bas d'une personne particulièrement niaise, insignifiante qu'elle n'est qu'une patate. Une manière d'insinuer qu'elle n'a aucune saveur. Bref, un goût de patate...

Passe encore d'être dans les choux. Au Québec, il y a plus grave, faire chou blanc. Mais on ne le dit pas ainsi. Patate ayant décidément bon dos, un Québécois qui vient de rater son entretien d'embauche confiera à son collègue : « J'ai fait patate. » Faire patate à Montréal, c'est manquer son objectif, échouer dans l'accomplissement d'un projet important...

L'étudiant studieux qui fait patate à un examen décisif de fin d'année manque de s'étrangler. Si on n'y prend pas garde, il peut tomber dans les pommes. Ou dans les patates... Au Québec, on préfère « tomber dans les patates » contrairement à d'autres francophones qui, eux, s'évanouissent en tombant dans les pommes. La patate québécoise se marie à toutes les sauces langagières.

Sa consœur louisianaise a droit à un peu plus de considération. Et c'est assez réconfortant. À Baton Rouge, personne n'a envie de « lâcher la patate ». Sur les rives du Mississippi, ne pas « lâcher la patate », c'est ne pas céder à la facilité du découragement, maintenir la flamme de l'espoir. En résumé, ne pas lâcher la patate, c'est garder la pêche ! On y revient. Les Louisianais aiment avoir la patate et pas seulement au sens rhétorique. Dans les chaumières de l'État américain, on trouve des lieux spécialement aménagés pour stocker des patates. Les demeures qui se respectent possèdent toutes une « pataterie » pour la réserve familiale.

En Louisiane comme en Haïti, on sait que la patate n'a pas de prix. À Port-au-Prince, « gagner des patates » c'est se tuer à la tâche pour avoir son pain quotidien. Remarquez, les patates haïtiennes ne sont que des clopinettes comparées aux patates de notre argot. Les habitants désœuvrés de Cité soleil, bidonville de Port-au-Prince, paieraient cher pour toucher nos patates. Ils le savent bien. Chez nous, une patate, c'est une brique !

Sous ajustement, on se serre la ceinture...

Il y a eu les PVD. Mais le développement n'a jamais suivi. Puis, on les a appelés les PMA. Ce qui n'a pas empêché les pays les moins avancés de reculer. Il a alors fallu leur prescrire une médecine de choc sous forme de PAS. Les plans d'ajustement structurel ont souvent achevé les plus malades. Il ne restait plus en guise d'enterrement qu'à leur donner le statut de PPTE... Les pays pauvres très endettés qui peuplent l'Afrique attendent avec angoisse leur prochain sigle clinique. Une après-midi dans une gargote qui a connu des

jours plus florissants, un cousin facétieux me réclame un « dépannage ». « J'ai les poches vides, je suis une PPTE », s'amuse-t-il... Comme pour savourer son effet, petit silence puis il enchaîne hilare, « une PPTE comme moi est une personne pauvre très endettée ». « Comment tu t'en sors ? » « Je suis sous ajustement », rigole-t-il... Les pauvres francophones ont appris depuis longtemps à conjuguer l'expression « se serrer la ceinture ! »

Pas besoin de se perdre en conjectures. La conjoncture n'est pas bonne. Et il n'y a pas d'autres mots pour le dire. En tout cas pas au Congo où depuis près de trente ans, comme chez tous ses voisins francophones, la « conjoncture » c'est la crise. Économique évidemment... Un chantier qu'on n'arrive pas à terminer, c'est la conjoncture. Des enfants qui ne mangent plus à leur faim, encore la faute à cette satanée conjoncture. Des soins qu'on ne peut s'offrir, c'est toujours elle... La conjoncture, dans le français parlé africain, oblige à se remettre au boulot, à retrousser ses manches. D'ailleurs à Kinshasa, pour faire face à la conjoncture, on a inventé le « retrousso manchisme ». La doctrine officielle dès la fin des années 1970 pour inciter les habitants à se (re)mettre au travail manuel. Le « retrousso manchisme » national fut un interminable slogan qui a vite tourné court. Et pour cause, c'était un leurre collectif. Les Congolais ont vite appris qu'ils ne pouvaient compter que sur eux-mêmes sans rien attendre des slogans étatiques. À Kin, l'homme de la rue sait qu'il ne peut compter que sur « l'article 15 ». Une expression inventée avec cynisme par les plus désabusés. « L'article 15 » est une disposition non écrite de la constitution traduisible par... « Citoyens débrouillez-vous » ! Quand la conjoncture prive les fonctionnaires de leurs salaires, il n'y a plus qu'à activer le fameux article du système D.

Des fonctionnaires qui du Congo au Tchad ont appris à tirer le diable par la queue. Ceux du Tchad guettent la « faim de mois ». La période de quelques jours pendant laquelle ils touchent leur maigre pécule. Pas de quoi faire la fête en fin d'année. D'ailleurs à Ndjaména, on parle plutôt de « faim d'année » dont on dit là-bas qu'elle s'éternise entre fin décembre et début février. Pour les agents de l'État, la faim d'année tchadienne est un sale temps à passer quand on a raclé les tiroirs pour Noël. Il n'y a pas de doute, il vaut mieux qu'un fonctionnaire « fonctionne ». C'est même à cette qualité qu'on les reconnaît à Lomé. Au Togo, vous l'aurez deviné, on appelle ceux qui « fonctionnent » des fonctionnaires. Que fait votre voisine d'infirmière dans la vie ? Elle fonctionne. Les salaires des fonctionnaires togolais ne tombent que de temps en temps. Ce n'est pas grave. Moins en tout cas que de se faire « compresser ». Un verbe valise en Afrique francophone pour désigner un dégraissage de personnel.

Dégraisser ou « déflater », c'est selon les goûts ! À Brazzaville, on préfère « déflater » dans les entreprises ballonnées par les sureffectifs. Le « déflatement » au Congo Brazzaville fait l'effet d'une flatulence qui se dégonfle. Évidemment en cas de plan social, pas de RMI et nulle allocation à se mettre sous la dent ! Faut pas rêver. Ils n'ont pas encore la chance de leurs collègues belges. Ceux qui en cas de licenciement touchent le « minimex ». Car les salariés licenciés en Belgique sont presque toujours « minimexés ». C'est un minimum. Un minimum social, un revenu à minima qui contraint souvent les plus âgés à se « prépensionner » ! Entendez par là, à partir en préretraite avec une partie de leur pension ! Et comme certains redoutent de finir en maison de retraite, le terme lui-même a dû battre retraite. La maison de retraite, dans le parler francophone belge, est devenue une « séniorie » une maison pour seniors. Dit comme ça, ça fait presque envie !

Votez pour la chefferie 2007 !

Un confrère canadien demande avec gourmandise ce qu'il adviendra des têtes de nos partis après l'élection reine. En guise de réponse, petit couplet sur le thème : bien malin qui pourrait le savoir, les rebondissements inattendus, les retournements de vestes spectaculaires, les cartes ouvertes... Une analyse prudente aussi finaude ne peut que le ravir. Du Alain Duhamel, le péremptoire en moins, le flair en plus.

Je me suis rengorgé au point de ne pas voir venir où il veut en venir. « Pourrais-tu me faire un papier sur les futurs candidats à la chefferie à droite et à gauche ? »

À la chefferie ? Ces francophones ont de drôles d'expressions pour parler politique.

Les balles. Les écuries. Le front. Les troupes. La charge. Les attaques. Le champ de bataille. Les combats de chefs. À longueur de colonnes, vos journaux dégoulinent du sang des fauves lâchés dans l'arène politique. On peut se risquer à penser que les échéances électorales sont proches... Pendant encore plusieurs semaines, la métaphore guerrière va polluer notre langage politique.

Mais pour nous rassurer, sachons que nous ne sommes pas les seuls à y succomber en francophonie. Au Québec, on a aussi ses petites guerres des chefs ! Il n'y a aucune raison de ne pas y faire aussi parler la poudre. La cible des chefs québécois, leur Bastille à eux, s'appelle une « chefferie ». La chefferie québécoise est le terme donné là-bas à la direction d'un parti politique. Celle qui ouvre les portes du pouvoir.

On vote pour désigner le ou la candidate à la tête d'une chefferie québécoise.

Voter pour une chefferie, une hérésie vue d'Afrique francophone... Non pas parce qu'on n'y aime pas la démocratie, encore que... La chefferie africaine préfère la féodalité au vote démocratique. Question d'habitude et de tradition. Au Cameroun, on désigne par « chefferie » un mini royaume rural où le pouvoir dynastique se transmet depuis des siècles par des rites traditionnels, au sein de lignées « royales ».

La chefferie camerounaise a beau être à l'abri de la curiosité démocratique de ses sujets, certains chefs n'en nourrissent pas moins des ambitions plébiscitaires. Rongés par l'appât du suffrage universel, ils se laissent aller. Ils se présentent à des élections plus ou moins transparentes. Alors comme tous les candidats, ils « battent le meeting » dit-on avec dédain au Congo Kinshasa des hommes politiques. À Kinshasa, les candidats courent les estrades en « battant le meeting ». Quitte à surtout battre leurs adversaires sur le terrain de la démagogie. « Battre le meeting » y est devenu une expression signifiant raconter des bobards. Attablés devant une bière fraîche, des amis congolais se chambrent. « Dis donc, arrête de battre le meeting, tu nous fatigues avec tes histoires à dormir debout... » Même hors du champ politique, battre le meeting est devenu synonyme de bourrage de crâne. On devine le respect que portent les Congolais à la politique, à leurs politiciens, et à leurs réunions électorales.

Dans le même registre, on dit à Douala qu'on « fait la politique ». Pour faire la politique, nul besoin de s'encarter ou s'enrôler sous la bannière d'un parti camerounais ! On peut « faire la politique » sans jamais avoir d'activité politique. Il suffit d'en reproduire les travers. Les Camerounais qui « font la politique » sont admirés pour faire preuve des qualités de fourberie, duplicité, de tricherie, et hypocrisie avec leurs interlocuteurs.

Jugé à ces critères camerounais, un homme politique doit se défendre « de faire la politique ». Démasqué, il risquerait de se retrouver en fâcheuse posture. S'il est dans le pétrin, les Québécois affirmeront qu'il est « dans l'eau bouillante », autrement dit vulgairement qu'il a chaud aux fesses ! Et s'il est dans de sales draps, il sera forcément « mis sur la tablette ». Une mise sur tablette au Québec ressemble fort à une mise sur la touche en France : ce qu'on appelle dans nos traditions politiques ouvrir le placard, même doré. Tomber ainsi en disgrâce, c'est le pire cauchemar de nos fauves, nos éléphants et notre gazelle...

Antonomase, merci Félicie !

Au bar des ondes, face à la Maison de la radio. Une jeune femme pétillante, l'œil inquisiteur et la mine légèrement courroucée parle des mots de la francophonie. Des mots qu'elle a recensés pour le compte du festival francophone. Des mots qui peuvent nourrir une future chronique radio. Elle a identifié dans les parlers francophones une figure rhétorique particulière répondant au désuet nom d'antonomase. « Substitution à un nom commun d'un nom propre évoquant sa qualité essentielle... » Le Petit Larousse n'est pas d'un grand secours, ni d'une grande clarté. Pourtant comme M. Jourdain, les franco-

phones pratiquent l'antonomase tous les jours sans le savoir...

Dans les dîners en ville, on vous en reparlera, si vous en parlez. Négligemment glissé entre fromage et dessert, poussez un coup de gueule sur la propension vulgaire des gens à utiliser des « antonomases ». Guettez bien autour de vous les regards interrogateurs et circonspects. L'antonomase ? Rassurez votre monde. L'antonomase, c'est l'art d'utiliser un nom propre à la place d'un nom commun. Une figure de style qui nous fait dire Frigidaire à la place de réfrigérateur, Bic au lieu de stylo, Caterpillar alors qu'il faudrait dire chenille, Don Juan pour séducteur, Harpagon pour désigner un être avare ! Dans l'espace francophone on a plutôt l'antonomase facile...

Ainsi, au Tchad, on ne dit pas d'une jeune femme qu'elle a des dents très blanches. On dit juste : « celle-là, elle a vraiment un sourire Colgate ». Les dentures jaunâtres ou noirâtres, elles, déclenchent un rire sarcastique. « On va lui offrir un Colgate pour son anniversaire, le pauvre en a bien besoin », dit-on pour chambrer chez les voisins camerounais. Peu importe la marque de dentifrice, avec ou sans fluor, Colgate est devenu le terme générique pour désigner de belles dents.

Ne vous étonnez donc pas si on vous montre « un Adidas » dans les rues de Ndjaména. Surtout ne cherchez pas une paire de baskets de la marque aux trois bandes. Là-bas, un Adidas porte ses trois bandes sur le visage. Trois bandes, comme les trois scarifications que certains habitants portent comme cicatrices sur les joues ! « Tiens voilà un Adidas », dira-t-on d'un air moqueur au passage d'un homme qui a subi ce rituel des trois incisions sur sa peau.

Plus haut dans le Maghreb, grâce à l'antonomase, certaines marques sont aussi devenues génériques. En Algérie, la lessive, c'est forcément OMO et toute eau minérale plate est une Saida ! En Mauritanie, les jeunes mères de famille qui arrêtent d'allaiter savent que rien ne vaut un bon Gloria pour les futurs biberons de bébé. Celles du Cameroun préfèrent NIDO. Des marques qui symbolisent, dans le français de ces pays, le lait en poudre substitut au lait maternel. Pour les boissons plus fortes, au Tchad, on connaissait le B52. Au comptoir des bars, c'est un mélange aussi explosif que les bombes du bombardier américain. Un cocktail que les Tchadiens ont décidé de rebaptiser d'un autre nom générique inspiré de l'avion américain, l'A 52. L'A 52 tchadien désigne toute boisson locale qui a le mérite de tordre les boyaux au soldat le plus téméraire...

Mais l'antonomase la plus célèbre d'Afrique francophone reste le comprimé le plus connu du continent. On l'avale à la moindre alerte fiévreuse. « Tu t'es nivaquiner ? » s'enquiert fébrilement la mère de famille burkinabé. Nivaquiner au Burkina Faso, prendre un comprimé de nivaquine, réflexe indispensable, quoique d'une efficacité pas forcément garantie, face aux premiers signes d'une crise paludéenne. L'enfant qui a pris sa nivaquine rassure ses parents. C'est un « enfant nivaquine » dit-on encore au Tchad, entendez par là, protégé de la mortalité infantile grâce aux médicaments administrés régulièrement par ses parents. Un enfant robuste, bien portant et donc très actif. Trop aux yeux de certains adultes. « Celui-là, c'est devenu un enfant nivaquine », se plaint un père désignant son fils turbulent. Un enfant qui file des maux de tête qu'aucun comprimé ne saurait guérir. Même plus les petites pilules des labos Sanofi Aventis.

Outre-mer à Dien Bien Phu

— … Dis-moi comment appelle-t-on la France en africain ?

— Euh, l'africain n'existe pas… comme langue.

— Et comment faites-vous pour vous parler et vous comprendre ?

— Euh… il y a des langues par pays…

— OK, prenons celle de ton pays… comment dit-on France en camerounais ?

— Ça n'existe pas…

— Comment ça ? On ne dit pas le mot « France » dans votre langue ?

— Si, mais il y a mille mots pour le dire suivant les dialectes de chaque tribu…

— Ah… il y a bien une seule façon de

désigner, je ne sais pas moi, l'Europe par exemple ?

— Ça dépend où on se trouve...

Conversation à peine caricaturale avec un ami martiniquais qui en perdait son latin chaque fois qu'il revenait à la charge.

— Et la France vous ne l'appelez donc pas la métropole ?

— Ah ça non ! plus depuis la fin des colonies...

Sur cette plage des Caraïbes françaises, nous parlions la même langue sans pour autant avoir la sensation de se comprendre en évoquant des terres lointaines.

Regardez l'outre-mer. Vu d'ici, c'est imparable. C'est au delà de nos mers. De nos mers métropolitaines. Tout le monde voit bien ici que l'outre-mer est lointain. Si loin qu'il lui faut un ministre à temps plein. Qui fait pas mal de plein de kérosène. On le sait tous, l'outre-mer est plus près des eaux turquoises des Caraïbes que des eaux glacées de la Manche. Mais ce n'est pas aussi simple.

Le lointain ne semble pas toujours aussi éloigné aux yeux des francophones.

L'outre-mer peut être très proche. Plus proche qu'on ne le devine. Si, si... À deux heures de vol de Paris c'est déjà l'outre-mer. Du moins vue d'Algérie. À Alger, l'outre-mer fait référence à l'Europe en général, et principalement à la France. Quand on parle de l'outre-mer de l'autre côté de la Méditerranée, on parle de nous autres. Nous, habitants de l'autre côté de cette mer qui nous sépare pourtant de si peu...

On peut parler la même langue. Sans vraiment se mettre d'accord sur l'endroit où situer l'Australie. Revenons à nos voisins d'outre-mer algériens. On nous rapporte que dans les rues d'Oran, l'Australie c'est l'Amérique ! Rien à faire. On a beau expliquer que l'Australie est une terre australe de la couronne britannique, c'est peine perdue. Dans le français parlé algérois, l'Australie désigne le pays de l'Oncle Sam. Et l'argumentaire se veut incontestable. Premier postulat, l'Amérique est la terre du rêve dit américain. Second postulat, on trouve des paysages de rêve en Australie. Donc « aller en Australie » pour les jeunes Algériens c'est un peu tenter le rêve américain. Peu importe que cette Amérique-là soit située en Océanie... CQFD. Vous suivez toujours ?

Repartons vers notre outre-mer, le vrai. Celui qui nous est familier, confetti de carte postale hexagonale. En Martinique aussi, on parle de l'outre-mer. Pas celui de la métropole. Non, l'outre-mer vu de Fort-de-France. Il est forcément quelque part. L'outre-mer de la Martinique est quelque part en Asie. Un endroit nommé « Dien bien Phu » ! Dien Bien Phu, la défaite mémorable de la France colonisatrice, la cuvette indochinoise cimetière de bataillons de soldats de l'outre-mer... Aujourd'hui, sur le littoral martiniquais, le mythique Dien Bien Phu désigne tout simplement un port de pêche très loin des côtes. Hors de vue. Aller pêcher aussi loin se dit d'ailleurs, « aller pêcher à Miquelon ». C'est-à-dire dans un endroit aussi reculé que Saint-Pierre-de-Miquelon. Autant dire à perpète !

On peut parler la même langue sans avoir la même notion du proche et du lointain. C'est ainsi au tour du monde francophone.

L'eldorado, c'est au Pays bas !

« Barça ou barsà »... Pour le non-initié, le mot d'ordre n'évoque rien de particulier. Mais à force de l'entendre sur la plage de Thiaroye au Sénégal, on finit par demander des explications au traducteur. « C'est un cri de ralliement, presque un chant de guerre... » Tout autour, d'autres « barça ou barsà » fusent, provocateurs ! « Barsà » en wolof, c'est mourir, Barça c'est Barcelone... » Barcelone ou la mort, partir ou crever, quitte à crever en mer, sur une pirogue clandestine. À la recherche de l'eldorado. Ce pays imaginaire de notre langue. Et de l'imagination, les francophones en ont pour se trouver leur eldorado !

Entre Dakar et la côte catalane, il y a une trotte, un monde. Un monde d'eau. Pourtant à Dakar, Barcelone est une destination prisée. Mais attention, pour les Sénégalais, le nom de la ville ne désigne pas la capitale catalane. Ou en tout cas pas seulement. Au Sénégal, c'est bien plus que ça ! Pour la jeunesse qui veut fuir le pays, Barcelone, c'est le nom de code pour l'eldorado ! Sur la place de l'indépendance de ce pays sous perfusion internationale, un jeune désœuvré vous dira : « Je vais chercher mon avenir à Barcelone. » Dans son esprit, la route de Barcelone ne mène pas forcément en Catalogne. Barcelone symbolise toute l'Espagne, et même au-delà l'Europe, ses rêves de prospérité.

Le long du fleuve Sénégal, le même rêve vogue jusqu'à la petite Gambie. Les candidats à l'émigration y sont aussi déterminés. Mais ils ne veulent pas un ticket pour Barcelone. Ils n'ont rien contre. Seulement voilà, leur eldorado à eux porte un autre nom. Les Gambiens veulent tous aller à

Babylone. Qu'on ne s'y trompe pas. Personne ne songe à la cité antique au sud-est de Bagdad. Et rares sont ceux qui en flairent l'existence. Babylone dans leur esprit est très loin du cauchemar irakien. Babylone en Gambie désigne l'Occident, ses fastes, son opulence, ses richesses, comme au temps béni des réjouissances mésopotamiennes.

Si Barcelone et Babylone font rêver les candidats à l'exil, ailleurs sur le continent on préfère de loin les Pays bas. Non pas la Hollande qui n'a aucun charme, mais le Pays bas. Celui qui met en éveil les sens masculins. Au Congo, le « Pays bas » ne se trouve que chez la gent féminine. C'est une zone assez délimitée pour le plaisir des yeux et celui de vilains jeux de mains. Pour ne pas être grossier, précisons que cette partie du corps féminin s'explore dans l'intimité. Du moins pour les explorateurs les plus classiques. Géographiquement, on dit à Kinshasa que le Pays bas se situe au centre de l'entrejambe, plus précisément au poste frontière du bas-ventre, sur un relief escarpé dominé par le Mont de Vénus. Il faut vraiment faire un dessin ?

Si les Béninois ne crachent pas sur les Pays bas, ils ont toujours eu un faible pour les Béninoises. Au Bénin, « la Béninoise » n'est pas seulement une habitante originaire du pays. C'est aussi une célèbre marque de bière. Et le Béninois aime bien passer de Béninoise en béninoise. Ce qui signifie qu'il enchaîne bière sur bière, ou alors court de femme en femme. À moins qu'il ne passe de bistrot en maison de passe...

Mais à une certaine heure de la nuit il vaut mieux ne pas se trouver en « Colombie ». A priori, il n'y a pas de raison d'y être si on habite au Tchad. La Colombie est pourtant un quartier mal famé, cela va de soi, de Ndjaména ! Un lieu où toxicos, dealers et jeunes voyous ont établi un narco quartier. Les brigands les plus capés s'y font appeler « Escobar ». Et c'est d'ailleurs quand les États-Unis traquaient le célèbre trafiquant que les malfrats locaux baptisèrent ainsi leur zone. Les « colombiens » tchadiens vivent aussi de racket et d'agressions, fascinés par la réputation violente de la Colombie, la vraie ! Leur Colombie à eux, c'est l'eldorado. Aux dernières nouvelles, ils l'ont rebaptisé du nom d'un pays plus en phase avec leurs ambitions et leurs rêves d'aujourd'hui. Ils ont donné à leur quartier le nom du premier producteur mondial d'opium. Et la Colombie devint l'Afghanistan !

Le français a du chien à se faire

Le terme est un peu usurpé. Huppé est sans doute très exagéré pour qualifier ce qui tient lieu de quartier nanti à Bujumbura, capitale du Burundi. Disons que la route est un peu moins cabossée qu'ailleurs et qu'y subsistent encore quelques traces de bitume. Pour le reste, le quartier est surtout célèbre pour ses... molosses ! On ne s'y aventure que les yeux grands ouverts. Une mauvaise rencontre est si vite arrivée. De menaçantes pancartes accrochées au portail de presque toutes les villas mettent en garde... Bienvenue à « chiens méchants », nom donné au quartier par les habitants de la ville. Ce qui n'arrange pas la réputation

des maîtres, et encore moins celle des chiens. Des chiens que les parlers francophones ne câlinent pas beaucoup...

Certains prétendent que c'est le meilleur ami de l'homme : pure hypocrisie. Ne les croyez surtout pas. D'autres affirment qu'il paraît que le chien aime la compagnie de l'Homme. Ce qu'il faudra bien prouver un jour. Et même si c'est le cas, cet amour manque de réciprocité. A-t-on déjà vu un homme qui prend plaisir à se faire traiter de chien ? Chienne, passe encore. Mais notre langue a fait de celui qu'on traite de chien un individu sans foi ni loi. « C'est un chien, il ne respecte rien », entend-on souvent pester. Le chien n'a pas bonne presse. Non pas l'animal. Mais l'homme qui le singe. Celui qui en épouse l'infâme comportement.

Au Québec, « Chien... » est une insulte qu'on réserve à ceux qui ne peuvent pas s'empêcher de dire des « chienneries ». Dire une chiennerie, c'est comme sortir une vacherie, mais en plus vache ! La chiennerie est une petite méchanceté gratuite et cruelle. De quoi faire du bien au chien qui la balance. Question vacherie-chiennerie, le top c'est dire du mal des fringues des autres. Et les Québécois peuvent être très vaches sur l'habillement de leurs semblables ! Si dans un cocktail mondain au Québec, on murmure que vous êtes « sapé comme la chienne à Jacques », un petit conseil, trouvez vite un miroir ! Vous êtes sans doute très mal fagoté

Même bien fringué, vous pouvez toujours « attraper la chienne » au Québec. N'y voyez aucune allusion coquine. On dit qu'on a la chienne là-bas, comme on prétend qu'on flippe sa race dans notre argot. En clair, si on a la chienne, on est mort de trouille. Surtout quand « son chien est mort »... C'est vraiment pas de bol de perdre son chien. À Montréal, l'expression signifie surtout perdre la baraka, manquer de chance, voir s'évanouir tout espoir. Un malfrat qui a « la chienne depuis que son chien est mort » vit reclus, sur le qui-vive dans la crainte de se voir débusquer par la police. Ne plus avoir de chien, c'est manquer d'énergie, de pêche, d'envie... c'est la déprime.

Tout le contraire de « manger du chien ». Ceux qui mangent du chien donnent souvent l'impression d'avoir bouffé du lion. C'est bien pour ça que les Burkinabés donnent du chien à leurs enfants lors de la rituelle séance de circoncision ! Quand les adolescents du Burkina accomplissent ce passage à l'âge viril, on dit d'eux qu'ils ont mangé du chien. D'ailleurs, on leur sert une viande indéfinissable qui pourrait bien être du chien, manière de compenser la perte momentanée de leurs attributs circoncis. En tout cas plus question pour eux avant plusieurs semaines de pratiquer « le mode chien ». Les Tchadiens ont inventé ce terme pour décrire un mode d'accouplement qui nécessite résistance et abnégation. La pudeur recommandant le laconisme, sachez tout de même qu'une station debout prolongée se révèle indispensable. L'affaire se conclut pour l'un des partenaires dans une position perchée sur la pointe des pieds... C'est bien la seule fois où les Tchadiens se donnent tant de mal pour ressembler aux chiens !

Aux présidents...
la francophonie reconnaissante

Roissy. « Roissy Charles de Gaulle » fait remarquer une tante arrivée trop tôt ce matin-là à l'aéroport. « Il va bien vous laisser lui aussi un bâtiment à son nom, votre Chirac », se moque-t-elle. « J'ai lu dans l'avion que ce sera le nouveau musée... celui des arts sauvages et primitifs », ajoute-t-elle par provocation. Pour défendre le Président ainsi moqué, au nom de la fibre nationale et patriotique, il fallait faire quelque chose. Tant de perfidie matinale méritait réponse. Surtout quand la tante poussa la mesquinerie jusqu'à rappe-

ler qu'un ami fidèle et intime du chef de l'État, un certain Valéry Giscard d'Estaing, avait lui, déjà laissé son nom à la postérité non pas française mais francophone ! Un nom d'avenue à Bangui en République centrafricaine (où il a eu un ami empereur tout de même...) et d'un boulevard à Abidjan en Côte d'Ivoire. Deux villes francophones qui n'avaient donc pas attendu la mort de l'illustre homme pour l'honorer. Il ne restait plus qu'à écrire à l'actuel locataire de l'Élysée pour l'encourager à laisser lui aussi son nom en souvenir aux francophones. Un cadeau d'adieu à une jeunesse qui lui en sera sans doute éternellement reconnaissante...

Monsieur le Président,

À en croire vos amis et vos adversaires, votre bail arrive bientôt à échéance. Ils l'espèrent tous. Curieusement, vos amis semblent plus pressés d'en finir. Ils s'imaginent tous qu'une terrifiante question vous angoisse dans votre palais. Que retiendra l'Histoire de votre long séjour à la tête de l'État ? À vrai dire, ils doutent que la question vous turlupine vraiment. Ils sont bien suspicieux, vos amis...

Quoi qu'il en soit, Monsieur, rassurez-vous si par hasard vous étiez inquiet. Aux yeux des Français, l'essentiel, ce n'est pas votre bilan politique. Ils ne savent déjà pas lire un bilan comptable, ce n'est pas un bilan politique aussi immense que le vôtre qu'ils arriveront à déchiffrer... Ne vous tracassez plus. Pour nos chers compatriotes, ayez une ambition plus noble, faites-leur un legs dont ils se souviendront longtemps après avoir oublié vos successeurs. Laissez votre nom dans le langage parlé de trois cents millions de francophones.

Prenez donc exemple sur votre prédécesseur ! Les mauvaises langues diront que c'est devenu une habitude chez vous... À Nouméa, en Nouvelle-Calédonie, on jure par Mitterrand ! On nous rapporte que sur le Caillou, c'est devenu un juron pour marquer une incroyable surprise. On s'exclame, Mitterrand (!) pour dire qu'on n'en revient pas, qu'on est vraiment scié, qu'on en reste baba. On ne sait pas réellement si cette interjection Mitterrand a vraiment un lien avec l'homme de la Nièvre. Mais ne répétait-il pas lui-même qu'on ne sort de l'ambiguïté qu'à ses dépens ?

On dit que vous avez tout appris sous Pompidou. Et que vous l'avez beaucoup copié. Sachez que pour les Béninois, copier Pompidou, c'est un pléonasme, une redondance, une tautologie : à Cotonou, Pompidou signifie déjà copier ! Chez les élèves au Bénin, dès que le maître tourne le dos, « on pompidou » dans les salles de classe. Allez savoir pourquoi, dans le langage écolier, Pompidou est devenu, par dérivation sémantique, pomper, tricher, lorgner sur la copie du voisin de banc.

Si vous avez aimé Pompidou, il paraît que vous avez adoré de Gaulle. Parce que c'était un grand homme. De taille. Légèrement plus grand que vous du haut de son 1,93 mètre. Aujourd'hui, de Gaulle ou plutôt « digaule » avec l'accent, désigne au Bénin un homme élancé, aussi grand que le Général. Il n'y a pas de doute, au moins pour les Béninois, par votre taille, vous êtes bien un gaulliste !

Ce qui est rassurant, c'est que vous n'avez pas besoin de quitter le pouvoir pour vous retrouver dans le lexique francophone. Voyez notre nouvel ami Khadaffi ! Dans le français parlé au Tchad, il a fait don d'un adverbe. À sa manière, c'est-à-dire khadaffiquement. À Ndjaména, on dit qu'on s'est fait virer « khaddaffiquement » d'un bureau. En clair, manu militari, sans ménagement, de façon dictatoriale. Et parce qu'il y a des noms comme ça qui savent toujours servir, on retrouve le colonel lunatique dans le parler francophone congolais. « Khadaffi » à Brazaville désigne un vendeur d'essence au marché noir, un trafiquant de carburant importé frauduleusement de Libye. Comme par hasard.

Si Khadaffi y arrive, vous aussi vous pouvez prétendre laisser votre nom à notre patrimoine de francophones..

Amériquocophone...

Bonapriso, quartier résidentiel de Douala au Cameroun. « Regarde ce JCD, c'est un vrai amerloc... » Le doigt désigne un jeune homme à l'allure branchouille qui sort de sa résidence et s'engouffre dans un petit 4 × 4 rutilant aux vitres teintées. Petit bréviaire de l'argot local... Amerloc désigne un Américain, dans le sens habitant des États-Unis d'Amérique, JCD est un acronyme pour Jeune Cadre Dynamique, un bon parti très recherché, un « gars frais » comme rajoute l'interlocuteur avec une pointe de jalousie dans la voix. Vu du Cameroun, l'Américain c'est le nec plus ultra de l'élégance, de la classe et de

l'oseille. Voilà grosso modo le portrait type dans l'imaginaire véhiculé par le français parlé localement. Les francophones se font souvent une représentation bien curieuse de l'Amérique.

Si la francophonie existe en Amérique, l'Amérique s'est aussi incrustée dans notre lexique francophone. Et si l'Amérique, c'est le rêve, être un « chômeur américain » c'est sans doute le pied ! C'est en tout cas ce qu'on prétend sur les rives du fleuve Congo. À Kinshasa, jamais une catégorie de chômeurs n'a été autant admirée. Les fonctionnaires, les employés, les agriculteurs, tous aimeraient bien troquer leur place pour celle d'un chômeur. Pourvu qu'il soit américain. Le chômeur américain au Congo ne vient pas des États-Unis. Parfois il n'y a jamais mis les pieds. Non, être chômeur américain, c'est un état d'esprit, une manière d'être, un style de vie qui permet de bien gagner sa vie sans trop se tuer à la tâche. L'expression désigne et dénonce quelques fois les paresseux vivant dans le luxe ou ceux qui se sont créé une belle situation de rente.

Quand on dit dans la rue d'un Congolais, « celui-là il vit comme un chômeur américain » c'est toujours avec une pointe d'envie. Dans l'inconscient des mots, le chômeur américain est un être privilégié qui n'a pas besoin de trop en faire pour vivre plus que décemment. Une légende tenace. Il va sans dire que, pour tous là bas, il vaut encore mieux être chômeur en Amérique que salarié au pays.

D'ailleurs, un « américain » se remarque assez vite dans les rues congolaises. Non pas parce qu'il débarque tout droit de New York ou Washington DC. Non, un « américain » au Congo désigne un Congolais pas comme les autres, un être à part venu de nulle part, d'un ailleurs aussi lointain que l'Amérique, un drôle de type aux mœurs étranges. Le mot américain est synonyme d'anticonformiste, d'original. Un bonhomme un peu bizarre qu'il ne faut pas confondre là-bas avec un « yankee ». Vous qui pensiez que américain et yankee c'était un peu la même chose, vous n'y êtes pas du tout. Un yankee au Congo, lui, est un loubard, un voyou dont il faut se méfier... On dit là-bas qu'un yankee est un aventurier, manière de signifier qu'il n'est pas fiable, ne vit qu'au jour le jour, en tentant des coups. Personne ne confierait ses économies à un yankee. Surtout pas un « américain ».

Être américain chez les Congolais, c'est nettement moins dangereux que de l'être chez les Belges. En Belgique, l'américain se fait bouffer tout cru. Normal me direz-vous pour un steak tartare. À Bruxelles, on commande des « américains » nature, assaisonnés aux fines herbes, avec ou sans œufs. L'américain ou le « filet américain belge », c'est un peu notre tartare à nous. Sauf qu'à la sauce belge, l'américain est presque toujours accompagné de frites ! On ne change pas les vieilles recettes.

L'Amérique n'est pas venue toute seule en francophonie. Elle a ramené dans notre langue quelques-uns de ses emblématiques États. Ainsi, on appelle « Californie » un quartier très français de Ndjaména. Dans la capitale tchadienne, la Californie désigne la zone où s'est installée la base militaire française du dispositif « Épervier ». À vrai dire, la Californie de Ndjaména, ce n'est vraiment pas le Pérou ! Disons qu'elle est plus proche d'une décharge publique que des cocotiers de Sacramento. Les « californiens » tchadiens, souvent enfants abandonnés squattent cet endroit, eldorado de tous les déshérités et autres enfants de rue délinquants qui y vivent de trafics en tous genres, dont le piratage de films westerns. On y achète, échange, distribue toutes sortes de copies de films. Certains prétendent que c'est justement en référence à ces films que le quartier a été ainsi baptisé. Il n'y a pas de raison qu'on ne fasse pas aussi du cinéma dans la Californie tchadienne.

Dans le pays voisin, au Cameroun, il n'y a pas de quartier Californie. Ce qui n'empêche pas d'y trouver des villes californiennes. Et pas les moins connues. Santa Barbara, Beverly Hills, autant de quartiers résidentiels de Douala. Huppés pour le standing local, avec belles villas qui détonnent dans un paysage de bidonvilles. Dans ces bidonvilles, on ne peut se payer le luxe d'habiter les cités californiennes. Mais on peut quand même s'acheter un bout d'Amérique, en s'offrant par exemple « l'Alaska ». Un Alaska est un bâtonnet glacé coloré, une glace à sucer, que le vendeur promet aussi réfrigérante que l'Alaska. Ce qui a la vertu de désaltérer sous un soleil de plomb. L'Alaska, pour les Camerounais ce n'est qu'un nom d'esquimau glacé !

Pour la turlutte, pas de chaudasse...

Dans la boîte de réception, une aimable auditrice a laissé un message. « J'ai entendu votre chronique de samedi dernier... » suivi de quelques amabilités. « Mais je voudrais vous signaler que le mot turlutte est utilisé en Bretagne et que le fion n'est autre que... » poursuit la missive qui en arrive bientôt à la conclusion. « Il ne faut pas souvent aller plus loin que nos régions pour découvrir la richesse des mots de la francophonie. » Elle vient de me fournir deux explications supplémentaires sur le sens de turlutte et de fion, deux mots à fantasme qui font le bonheur des adeptes d'humour gras. À condition de s'entendre

sur la signification exacte des gros mots francophones.

L'invitation peut paraître tentante ou incongrue, en fonction des circonstances. Qui dirait non à une petite turlutte ? Surtout si la turlutte est proposée par une chaudasse ? On voit d'ici ceux qui pouffent déjà de rire, une lueur de lubricité dans les yeux. Attention à la douche froide si c'est un Québécois qui vous lance l'invitation. « Eh mon ami, la chaudasse au fond de la salle te propose une turlutte tout à l'heure si tu en es d'accord... » Faites arrêter la machine à fantasme, autant vous le dire tout de suite, il ne se passera rien, en tout cas rien de ce qui aurait pu arriver. Au Québec, turlutte et chaudasse ne suintent pas la même grivoiserie hexagonale.

À Montréal, une « chaudasse » ne désigne qu'une femme légèrement ivre, pas une névrosée nymphomane. La chaudasse est « en boisson » comme on dit là-bas. Et si elle a l'alcool solidaire, elle ne boit pas seule. Elle est parfois accompagnée au bar par un « chaud » son penchant masculin. Si elle vous propose une turlutte, au lieu de sourire bêtement, éclaircissez-vous plutôt la voix. La turlutte n'est qu'une innocente chanson folklorique, rien à voir avec une quelconque gâterie buccale. Certes, là aussi, il faut faire travailler sa langue, mais c'est pour mieux entonner des rengaines de ce répertoire populaire qui n'est pas forcément paillard. Entre francophones, on peut se méprendre sur de supposés gros mots.

Remarquez ainsi qu'au Canada, on peut parfaitement se branler dans la rue sans susciter le moindre commentaire et sans commettre un attentat à la pudeur. Et pas besoin de ce désaper pour faire le branleur. Car se branler, c'est se déplacer à pas comptés, lentement, avec hésitation. C'est prendre son temps, trop de temps pour accomplir une tâche. On dit alors des branleurs québécois qu'ils se « branlent dans le manche ». Manière de dire qu'ils n'en branlent pas une... Dans la rue, ils « branlent de la patte » ce qui n'est pas obscène. Branler de la patte, c'est bouger lentement les jambes.

Même ambiguïté potentielle avec nos voisins helvètes. En Suisse, personne n'est interloqué en s'entendant dire : « passe-moi ton chibre... » Les Suisses font un usage peu douteux de leur chibre. Ils le rangent dans un endroit sec, bien empaqueté. Pas d'allusion graveleuse, le chibre n'est qu'une variante d'un jeu de société. Et, pendant une partie de chibre, les joueurs peuvent se faire pas mal de fions... Le fion n'étant qu'une moquerie, faire un fion, c'est chambrer, titiller son partenaire de jeu.

Tout cela ne signifie pas que les cousins francophones sont incapables de grossièretés ! Les Québécois lorgnent bien les « boules » des Québécoises. Vulgairement dit, façon Bigard, ça donnerait : « Au Québec ce ne sont pas les Québécois qui ont les boules mais leurs meufs... » On dit boules au Québec comme on parle ici d'une paire de nichons ou des deux obus sur la poitrine. Ne pas prendre les boules pour des « gosses ». Les gosses, exclusivement masculins, ressemblent certes à des boules en plus petite taille mais ils ne sont pas situées au même endroit. Les gosses habitent au-dessous de la verge. Quand elles se retournent sur le passage d'un homme, les Québécoises matent ses « foufounes ». Les foufounes des hommes, ce sont, disons, leurs muscles fessiers. Pour rester poli. Pour ceux qui sont perdus, petite leçon d'anatomie québécoise en guise de rappel : les filles ont les boules et les garçons ont des foufounes et portent leurs gosses dans le slip. Ce n'est pas très catholique mais bon...

Trêve de finasserie, au Burkina, on n'hésite pas à parler des « gros culs » en public. Mais à Ouagadougou, le gros cul désigne une personnalité influente. Et pester contre un gros cul n'est pas une vulgarité, mais un acte de salubrité démocratique !

Les bécosses des condos ont un goût de ch...

— Du ski ces vacances ?

— Non merci, ce n'est pas mon truc.

— Mais si, tu devrais venir faire un tour au Canada. On pourra y louer de supers condos.

— Des condos ? C'est quoi cet engin ?

— Pas le temps de t'expliquer. Je t'envoie une annonce.

« Face aux pentes, paisibles condos entièrement meublés et équipés pouvant accommoder confortablement quatre à six personnes... »

Petite révision utile pour ne pas se per-

dre dans un appartement québécois ou ailleurs en francophonie...

En feuilletant un magazine, peut-être êtes-vous déjà tombé sur cet encart publicitaire. Le gouvernement québécois vous invite à vous installer dans la Belle Province. Accueil chaleureux, hospitalité garantie, salaires confortables, impôts riquiqui... et prix de logements abordables. Si vous vous laissez tenter par un achat à Montréal, avant de changer de monnaie, faudra d'abord changer de vocabulaire.

Il va falloir vous y faire, préparez vous à acheter un « condo » : ou si vous préférez, un condominium. Au Québec, ce n'est rien d'autre que le nom donné à un appartement. Pas n'importe lequel. Un appartement situé dans un immeuble en copropriété. Condominium, emprunté au latin, un mot qui à l'origine caractérisait la domination en commun de grandes puissances sur un pays tiers... Dans le français parlé québécois le condo aujourd'hui ne traduit plus la domination mais le partage des charges et de la jouissance de la copropriété par ses propriétaires.

Avec condominium, les Québécois ne sont pas les seuls à emprunter au latin pour leurs opérations immobilières. Si vous avez le courage et surtout les moyens d'acheter en Suisse, sachez que là-bas, les copropriétaires s'organisent en consortium qu'on appelle des « consortages ». On y est soudé pour la défense du bien commun.

Une fois trouvé l'appart de vos rêves au Québec, assurez-vous que le « vivoir » soit bien éclairé. Étant entendu que le vivoir sera le centre de votre vie familiale, là où vous vivrez la majeure partie de votre temps. Le vivoir québécois, c'est le séjour, la pièce à vivre comme on lit dans les annonces des agences immobilières chic. Au Québec, cerné par l'anglais, le vivoir est la traduction française de l'anglais living room. Si l'agencement ne vous plaît pas, faites donc venir un

« tapisseur ». Le tapisseur vous tapisse vos murs de papier peint. Ce qui est son métier.

Assurez-vous tout de même d'avoir vérifié la taille et l'emplacement des « bécosses », pièce essentielle du condo. On y passe pas mal de temps pour faire ses besoins urgents. Les bécosses au Québec désignent les cabinets de toilette. À l'origine on allait aux bécosses à l'extérieur de la maison. Back house comme on dit en anglais, ce qui par glissement de prononciation est devenu bécosses. Dans votre futur appart, vous aurez peut-être les bécosses et la salle de bains séparés. Ce qui n'est pas forcément le cas si vous achetez une maison au Mali.

Les toilettes de la maison peuvent être installées dans la « douchière ». Comme son si peu ambigu nom l'indique, on prend des douches à la douchière. Ce qui n'exclut pas qu'on puisse y faire autre chose. Comme s'asseoir sur une cuvette de WC. Comme prendre un bain. À condition d'y avoir installé une baignoire ou ce qui en tient lieu.

Mais la baignoire n'est pas forcément ce à quoi on fait référence en France. D'ailleurs en Côte d'Ivoire, on va à la baignoire pour faire ses besoins. Et ce n'est pas si incongru que ça. Surtout quand on sait que la baignoire ivoirienne désigne la salle de bains tout entière et non pas seulement la cuvette qui sert au bain. Rien n'interdit donc dans une telle baignoire de poser un urinoir.

Urinoir, voilà un mot qui ne plaît pas aux Belges. Le mot n'étant pas assez joli, les Belges admirateurs des jets du célèbre Manneken-Pis ont trouvé un autre terme pour désigner le lieu qui recueille les urines. C'est un pissodrome, une piste pour la pisse, fallait y penser...

Des nids-de-poule au dos de chameau...

Route sinueuse entre Douala et Nkongsamba, à l'ouest du Cameroun. Des amis français visitent la région et le pays pour la première fois. Au volant, le chauffeur attentionné prend soin d'avertir : « Attention, ça va secouer, on croise des dos de chameau » ! Regards interloqués dans la voiture. Ravi de son effet et hilare, le chauffeur enchaîne avec des explications devenues nécessaires. Les « dos de chameau » sur les routes camerounaises ressemblent furieusement à des dos-d'âne sur des routes françaises. En principe. Au

Cameroun, les monticules des dos-d'âne sont si élevés qu'ils prennent l'allure d'une bosse de chameau. Si les chauffards camerounais traversent les dos-d'âne sans s'arrêter, ils font gaffe aux dos de chameau, de peur d'y briser leur voiture. Il n'est pas toujours aisé de décrypter les signaux de circulation routière en francophonie. Petit aperçu.

Il vaut mieux ne pas avoir de « crevaison » sur une route togolaise. Débrouillez-vous pour éviter d'en avoir une parce que de toutes les façons, en cas de crevaison, votre roue de secours ne vous saura d'aucune utilité. La « crevaison » au Togo, ce n'est pas un pneu qui éclate, une roue qui se perce, ou se dégonfle. Là bas, ce sont les routes qui ont des crevaisons. De petits trous dans la chaussée ou des ornières géantes, voilà ce que les Togolais appellent « crevaisons ». Ce n'est autre qu'une crevasse dans la chaussée. Les conducteurs de taxis brousse dans la banlieue de Lomé passent leur journée à éviter ces crevaisons qui peuvent prendre la forme de nids-de-poule géants.

Il faut dire qu'ils n'ont souvent pas le choix. Pas moyen de contourner une crevaison parce qu'il n'y a pas de déviation possible. Mais en francophonie, même quand il n'y a pas de déviation, il peut toujours avoir un « détournement ». Si ailleurs, on détourne des avions ou des sommes faramineuses, au Québec, on détourne d'abord la circulation. On fait faire des détours aux automobilistes. Si vous devez brusquement faire un détour, vous entendrez sans doute un « criard ». Ne soyez pas surpris, ce n'est que le klaxon de la voiture qui vous suit et dont le conducteur ne s'est pas encore aperçu que la route était barrée. Et quand on se retrouve face à une portion de route québécoise fermée, il n'y a plus qu'une seule chose à faire, passer la renverse ! Passer la renverse pour retomber sur la bonne route, c'est enclencher la marche arrière. L'expression « faire marche arrière » semble encore beaucoup trop longue aux yeux des conducteurs sénégalais. À « faire marche arrière » ils préfèrent la version raccourcie, « faire arrière ». Les mauvaises langues prétendent que ça montre bien qu'ils sont du genre expéditif au volant.

Pour ne pas se retrouver coincé sur une route belge en travaux, ouvrez bien les yeux. Ne manquez pas les panneaux signalant des « évitements ». Ce n'est encore qu'une affaire de déviation. Avant de faire le détour, prenez soin d'allumer vos « clignoteurs ». Des clignoteurs qui ont, vous vous en doutez, la même fonction que nos clignotants. Méfiez-vous surtout des grenailles, et particulièrement de celles qui errent... Les « grenailles errantes » désignent poétiquement les petites canailles qui errent sur les chaussées belges. Des gravillons dangereux surtout à l'approche d'un virage.

Un virage ou plutôt un « contour » comme on dit encore dans certaines régions françaises. Un mot qu'on utilise toujours dans l'océan Indien francophone. À Saint-

Denis de la Réunion, « casser les contours », c'est prendre un tournant, négocier un virage qui demande beaucoup d'aisance au volant. Les Réunionnais ne sont pas les seuls à se faire ainsi un code d'expressions routières. Quand on « vole la route » au Rwanda, on roule trop vite en faisant des queues de poisson à tous les autres véhicules. Autant dire que le respect des priorités est un vœu pieu. Le passager à bord du bolide peut alors demander qu'on « le verse », c'est-à-dire qu'on le dépose illico presto. Tout cela pour éviter un accident de circulation. Au Congo Brazzaville, ce n'est pas ainsi qu'on évite les accidents de la circulation. L'expression fait plus souvent référence à une grossesse non désirée...

Touche pas au flouse, pétroleuse !

Ce matin coup d'œil sur les journaux marocains posés sur la table de mon voisin dans le train qui nous ramène à Casablanca. Page des faits divers, un gros titre : « il poignarde son ami pour du flouse »... Des échos de conversations des jours précédents resurgissent. Il était question de départ pour l'Europe, cet eldorado où on se fait facilement du flouse. Avoir du flouse, du flous ou du flouss, c'est être blindé de pognon comme on dirait en argot français. Une dimension argotique pas toujours présente chez les autres locuteurs francophones quand ils parlent argent.

Pour ceux qui parlent argot au quotidien, c'est tout entendu. Le flouse, c'est du pognon, de l'oseille, de la caillasse, un peu de thune, quelques biftons... Ici on parle de flouse comme jadis la pègre parlait de grisbi. Avec la même gourmandise, surtout chez ceux qui n'en ont pas assez ou qui n'en ont jamais assez. Dans le Maghreb qui a prêté ce mot au français, le flouse, argent en arabe, se trouve entre les mains des « argentiers ». Pas des grands argentiers, nom dont on affuble ici les ministres des finances et autres autorités monétaires. Au Maroc, ceux qui possèdent de l'argent sont forcément des argentiers. Un argentier désigne un homme riche, plutôt très riche, dont la fortune se laisse voir ou deviner. Le prototype de l'argentier, c'est le mécène ou le sponsor privé qui va financer tout seul un club de football. L'argent de l'argentier doit se donner en spectacle.

Si l'argentier marocain est plein aux as et le fait savoir, celui du Tchad, lui, n'est qu'un agent comptable. À Ndjaména, l'argentier ne fait que payer la solde des ouvriers. Et comme le paiement se fait souvent en liquide et en billets de banque, on dit de l'argentier qu'il est un « billeteur ». L'argentier tchadien est un distributeur de billets...

La paie des ouvriers tchadiens est plutôt maigrichonne, et celle des fonctionnaires à peine plus importante. N'allez donc pas parler d'argent de poche à un fonctionnaire tchadien. « L'argent de poche » n'a pas là-bas le côté insouciant que nous lui donnons. Au Tchad, les agents de l'État désignent ainsi avec dérision leur salaire dérisoire. L'argent de poche est un salaire en soi tout juste bon à tenir les poches en attendant le suivant, dans l'hypothétique hypothèse où le versement de ces salaires deviendrait régulier.

Et avec un tel « argent de poche », il vaut mieux ne pas se laisser faire les poches. Les Tchadiens évitent d'avoir une « argentivore » dans leurs relations ou leur entourage. L'argentivore est forcément de race féminine si l'on en croit les plaintes des hommes tchadiens. Comme tout bon carnivore qui se respecte, l'argentivore est une carnassière qui a la faculté de dévorer les budgets et dont les besoins en argent sont en général inversement proportionnels aux revenus de ses proies. Un Tchadien vous dirait : « Ma maîtresse est une vraie argentivore, ma femme commence à me demander où va mon salaire. »

Les maîtresses et amantes tchadiennes traînent une réputation de gourmande quand il s'agit d'argent. Certaines ne ciblent d'ailleurs que les hommes aux bourses pleines. Notamment ceux travaillant dans l'industrie du pétrole dont le Tchad est un récent pays producteur. D'ailleurs dans le parler francophone tchadien, avoir du pétrole, c'est avoir de l'oseille, et une femme qui monnaie ses faveurs auprès d'un marchand de pétrole n'est qu'une pétroleuse... La pétroleuse tchadienne est une croqueuse qui n'a pas froid aux yeux et souvent couverte d'or par ses amants pétroliers.

Si au Tchad, l'argent vient de l'or noir, c'est aussi l'or tout court. Dans la rue, on ne dit pas qu'on roule sur l'or. Affirmer « avoir de l'or » suffit. Chacun comprend que vous ne parlez pas du métal aurifère. Avoir de l'or, c'est disposer de beaucoup de piastres, un nom désuet qui continue à servir dans certains endroits de la francophonie.

Ainsi au Québec, une piastre désigne dans le langage courant un billet d'un dollar. Et avoir les « yeux ronds comme des piastres » se dit d'une personne qui meurt de convoitise pour quelque chose ou pour quelqu'un. Dans ce cas en Côte d'Ivoire, pour calmer les envieux, on leur file un « tais-toi ». Tais-toi, c'est la coupure d'un billet de 10 000 FCFA, un billet qui a la principale vertu d'acheter le silence. Un silence qui ne se vend pas à prix d'or.

Place des fêtes, rues de la joie

Les cousines se font un plaisir de servir de guide. « Rue de la joie... », annonce-t-elle comme destination au chauffeur de taxi ou ce qu'il en reste. Le chauffeur démarre en trombe sans aucune autre forme d'indication. Pourtant le nom de la rue n'est inscrit sur aucun panneau. Pas besoin d'un numéro de rue, toutes les bonnes adresses sont archi connues. Rue de la joie est l'une des plus célèbres de Douala au Cameroun. On y trouve toutes sortes de grillades, les marques de tous les alcools disponibles et surtout les « filles de joie » qui ont donné leur si peu approprié surnom à la rue. Rue de la joie, c'est censé

être la rue du bonheur, celle de « l'ambiance », la place de la fête. Les francophones parlent de leurs excès avec des mots résolument festifs...

C'est un carrefour qui ne figure sur aucun plan de la ville. Du moins, pas avec un tel nom. Le « carrefour de la joie » est pourtant très connu à Yaoundé au Cameroun. Tout le monde sait que c'est l'endroit où il faut être pour avoir de « l'ambiance ». Au carrefour de la joie, « on met l'ambiance » en faisant éperdument la fête. Dans plusieurs pays d'Afrique francophone, la fête c'est l'affaire des « ambianceurs ». Au Tchad, les ambianceurs squattent bars et autres boîtes de nuit. Ce sont des fêtards qui fréquentent tout lieu où ils peuvent ambiancer jusqu'à pas d'heure.

Et puisqu'ils font le tour de la ville sans mégoter sur les tournées au bar, on dit à Kinshasa de ces noceurs qu'ils sont des « tourneurs »... et quand ils deviennent des

« vibreurs », on ne les arrête plus ! Il faut dire que la fête au Congo n'est pas de tout repos. C'est même très fatigant parce qu'il faut donner de sa personne. Pas étonnant que faire la fête soit synonyme de « faire le mouvement » Sans vouloir vous faire un dessin, faire le mouvement suppose quelques suaves déhanchements. Car une fête congolaise où on ne danse pas est tout simplement inconcevable. Aussi inconcevable qu'une eucharistie sans hostie. La référence religieuse n'est pas anodine. La fête congolaise a quelque chose de sacré.

Si vous y êtes invité, ne vous étonnez pas quand sur la piste, on décrète « un bal à terre » ! Suivez les instructions sous peine de rater le ballet chorégraphique. « Bal à terre », un mot d'ordre festif qui précipite toute la salle au sol. Petit mode d'emploi pour réussir son bal à terre... Rapprocher son bassin du sol tout en opérant un vaste mouvement de rotation initié au niveau des hanches. Le plus simple maintenant, garder de manière indispensable le rythme, caler ses rotations sur les battements du son et surtout ne pas s'interdire quelques audaces. Inutile de préciser qu'une qualité rare est exigée. Avoir la souplesse d'un gymnaste. Le bal à terre est incontournable notamment dans un « bal maison ». En Côte d'Ivoire, un bal maison comme son nom ne l'indique que trop bien, s'organise chez soi entre parents, amis ou voisins. Une petite surprise-partie où quelques fois comme au Tchad, on demande aux invités de participer aux frais d'organisation.

Mais il y a forcément des petits malins qui veulent bien faire la fête mais sans rien débourser. C'est une race sans frontières, pas étonnant qu'on en trouve dans tout l'espace francophone. En Haïti, on a inventé un nom pour ces filous de la fête. On les appelle des « grattés ». Les grattés haïtiens font ce qu'ils savent faire, la gratte, en se faufilant dans des soirées sans payer leur ticket entrée. Semblables à des rongeurs parasites, ils grattent à toutes les portes fêtardes. Des resquilleurs qui ne manquent pas d'air en profitant souvent de la fête jusqu'au bout de la nuit. Au Québec on dit de ceux qui ne ferment pas ainsi l'œil de la nuit qu'ils ont passé « la nuit sur la corde à linge ». Une nuit blanche festive, en tout cas une nuit sans sommeil qui laisse des traces sur le visage. « T'as vu ta tête ? on dirait que t'as passé la nuit sur une corde à linge », petite boutade lancée par des collègues le lundi matin. Autant dire que la question s'adresse surtout aux gueules froissées par une armée de cernes. Une nuit sur la corde à linge ne peut que buriner le visage. C'est bien pire que nos gueules de bois.

Jurons, c'est sacré !

Soirée dansante en banlieue parisienne. Un gros bataillon de Congolais débat des derniers développements de la situation politique dans leur pays. Inévitable discussion où le ton ne peut que monter. « En tout cas mon cher, je suis d'accord avec toi »... Un autre surenchérit : « On aurait dû annuler le processus électoral, en tout cas... » Quelques secondes avant que son ami n'approuve d'un définitif « il est fort ce maire en tout cas... ». L'inimitable « en tout cas », les Congolais en usent et en abusent. Une manière de jurer devenue un tic de langage. Une de ces locutions qui

sert de jurons aux francophones qui en raffolent...

Nom de Dieu, pour jurer pas besoin d'être grossier, ou blasphématoire ! D'ailleurs les Québécois veulent bien montrer l'exemple, à ceux qui jureraient du contraire. Au Québec, ils ont juré leurs grands dieux qu'on ne les y reprendra plus... Adieu putain, bordel... promis, juré, pas craché, plus de jurons graveleux ! Et voici la meilleure preuve de la bonne tenue langagière de nos cousins francophones. Les jurons québécois s'appellent des sacres. Chez les Québécois, on jure avec cinq sacres principaux. Le plus sacré, c'est sans doute ostie ! Rien à voir avec l'hostie liturgique. À Montréal, ostie a perdu son h. On dit ostie (parfois assti) pour ne pas prononcer le mot de Cambronne, vous avez celui à cinq lettres et commençant par un m...

Ostie, criss, calice, calvaire !!! Autant de délicieux jurons québécois à utiliser sans modération. Ostie de criss de calice ! diront les plus gourmands. On peut combiner trois jurons sans friser l'overdose. Le juron québécois n'est d'ailleurs pas souvent sacrilège ! Au Québec, on peut jurer pour un rien. Comme il n'y a pas de petit plaisir, on s'y extasie devant un beau dessert par exemple ; on dit alors qu'on a mangé une criss de bonne tarte ! En revanche, si la cuisine est dégoûtante, c'est un juron sonore en onomatopée qui vous rappellera un son familier. Si c'est vraiment dégueulasse, vous n'entendrez pas un beurk ! Mais tendez bien l'oreille pour saisir la différence. Les Québécois préfèrent un « Yeurk » à notre beurk ! On vous le jure, il y a une nuance.

En Nouvelle-Calédonie, on ne jure que par les prénoms. Pas n'importe lesquels, une courte liste de prénoms jurons ! si vous vous prénommez Alice ne sursautez pas si votre interlocuteur, pour exprimer sa stupéfaction lors de votre conversation, prononce votre prénom. Baptiste ! s'écrie-t-on pour indiquer que c'est vraiment une nouvelle extraordinaire qui est annoncée ! Mathias s'époumone-t-on quand on a le souffle coupé par une révélation surprenante...

Quand on est ainsi épaté au Congo, on préfère économiser ses mots ! Les Congolais jurent dans ce cas à l'économie en empruntant au lexique du ring. La surprise à Brazzaville met KO ! Comme le boxeur sonné, on est KO à Brazzaville, quand on n'en croit pas ses oreilles ! On a besoin de reprendre ses esprits. Et si l'annonce de cette nouvelle stupéfiante est faite dans un grand brouhaha, il faut faire taire l'assistance. Pour demander le silence, réclamez du bruit ! C'est le paradoxe congolais. « Du bruit » ! Lancer ce juron construit sur l'ironie de la situation rend la salle muette...

Et quand on est ainsi bouche bée au Tchad, un seul mot vient aux lèvres... « Salaud » ! Le salaud tchadien est un mot affectueux prononcé par ceux qui ont le bec cloué par un évènement ! C'est le bravo que lance un père à son cancre de fils qui l'a divinement surpris en obtenant un 18/20 en maths ! « Salaud » en guise de « Bravo l'artiste ! » ça vaut bien un nom d'un chien !

Bibliographie

Pour ses chroniques, l'auteur s'est inspiré de sa vie, de ses voyages professionnels et personnels, d'une fructueuse recherche sur de nombreux sites Internet qu'il a consultés ainsi que quelques ouvrages dont voici les références, la liste n'étant pas exhaustive...

Base de données lexicographiques pan francophones élaborées par l'Agence Universitaire de la Francophonie.

Les particularités de la langue française parlée à Brazzaville, Jacky Maniacky.

Le petit lexique Kinois mis en ligne par Congonline.

Le français au micro mis en ligne par Radio Canada.

Le lexique d'Écrit Créole, langue et culture.

Petit lexique des mots et expressions du Québec d'Angelfire,

Le lexique du parler belge de l'Union des Français de l'étranger.

Le lexique français de Côte d'Ivoire, Suzanne Lafage, Cahiers des études africaines.

Le trésor de la Langue Française Informatisée, Analyse et Traitement informatique de la langue française, CNRS, Université de Nancy II.

Le français de Nouvelle-Calédonie, Croix du Sud info.

Les mots de la francophonie, Loic Depecker, éditions Belin, 1988.

Les mots de la Francophonie, Félicie Dubois, commissariat du festival Francoffonies.

Les mots du français hors de France, Hervé Bohbot.

Le petit lexique du créole haïtien, Emmanuel Védrine.

Petit lexique des particularités du français parlé au Tchad, Ndjarangar djita Issa.

Les congolismes, apport du Congo à la francophonie, Ambroise Quefellec, Dominique Matanga.

Inventaire des particularités lexicales du français en Afrique noire, collection Universités francophones, UREF.

Bibliothèque en ligne de l'Agence Universitaire Francophone.

Dictionnaire universel francophone, Hachette, 1999.

Table

Remerciements

À tous ceux qui ont soutenu la naissance de ces chroniques.

Ce volume a été composé
par PCA
et achevé d'imprimer en février 2007
par Bussière
à Saint-Amand-Montrond (Cher)
pour le compte des éditions Lattès

N° d'édition : 92694/01 – N° d'impression : 070588/1
Dépôt légal : mars 2007
Imprimé en France